ハーバード・
ケーススタディ方式で
企業財務
を学ぶ

CORPORATE FINANCE

資金調達とM&A

山田 晴信 著
Harunobu Yamada

一般社団法人 金融財政事情研究会

はしがき

　この本は、わかりやすくファイナンスの世界を学べるように書かれました。実際の事例を用いながらファイナンス理論をやさしく解説し、企業財務（いわゆるコーポレート・ファイナンス）の基本を実践的に理解することを目標にしています。企業の経営者・財務担当者、金融機関の企業担当者のような実務家の方々に加え、この分野に興味がある一般の方々や学生にも容易に理解してもらえるように構成されています。損益計算書などの財務諸表をみたことがある人ならば、十分に理解できると思います。わかりやすくするために、著者がかつて学んだハーバード・ビジネス・スクールのケース・メソッドを参考に、日本の具体的な事例（ケース）を教材として用いています。ただしケースは社名が匿名になっているだけでなく、事実関係も一部教材用に簡素化・整理されています。

　ケーススタディは次のように行えば効果的です。各ケースには、状況説明にあたる記述部分と設問が与えられます。またそれぞれのケースにK大学のファイナンス担当の財部信孝（たからべのぶたか）教授が登場して、設問に対する回答を用意します。読者は各ケースの記述部分を読み、用意されている設問をまず自分で考えてください。できれば考えるだけでなく、その回答を考える過程をメモに書いてください。その途中で心に浮かぶ質問があれば、これも書いてください（教室であれば、この段階でグループ討議をすることが望ましい）。その後、財部教授の回答を読み自分のメモと比べることで、より効果的に学ぶことができます。言うまでもなく財部教授の回答が唯一の正解というわけではありません。違う結論でも、与えられた状況に照らして論理的で合理的な判断であれば正解です。

　もともと本来のハーバードのケース・メソッドには設問はありませんし、したがって唯一の正解もありません。与えられたケースを読んで、自分で問

題を見出し、質問を投げかけるところから学びは始まるのです。本書における設問と回答は、企業財務の典型的な問題へのアプローチの仕方を、ケースを通して学びやすくするために便宜的に用意したものです。読者はケースに出てくる社長（CEO）や財務担当者（CFO）と財部教授との対話を通して、企業財務の典型的な問題の設定とアプローチの仕方・考え方を学ぶことができるように構成されています。また理論的な側面や実践的な基礎知識など直接ケースでカバーできないところは、補足解説で補うことができるようになっています。つまりこの方式（対話と補足解説）によって、ファイナンス理論と企業人の実務的なニーズとの間の谷間を効果的に埋めて、理論の教えるところを実務に応用することが容易になります。

　本書に含まれているケースは6社で、各ケースの概要は次のようになっています。

(1)　A社は、脱サラしたAさんによって新規に起業された食品サービス会社です。牛乳や食品の宅配事業が軌道に乗っていく過程を通して、起業時の財務の基本的課題である「資金繰り」に焦点を当てます。あわせて会計上の利益とキャッシュフローの違いや、銀行借入れと自己資本の違い、さらには設備投資案の選択問題をとおして、リスクとリターンの評価方法について学びます。

(2)　B社は、起業時の困難を乗り越えて成長軌道に乗ったインターネット・プラットホーム事業を営むベンチャー企業です。株式上場（IPO）を準備し実行する過程を通して、株式発行による増資、株価評価、株主の権利などの問題に焦点を当てます。さらに成功したIPOを経て手元現金が潤沢になった後の事業展開を図る議論のなかで、M&A（特に、買収）による成長戦略の重要なポイントやガバナンスの問題について学びます。

(3) D社は、テープ・フィルム材料など特殊電気工業材料の中堅メーカーです。半ば独立した4つの事業部門をもち、企業向け（B-to-B）ビジネスに強みがありますが消費者向け（B-to-C）ビジネスにも歴史があるという事業ポートフォリオを抱えています。今後の事業戦略を進めていくなかで財務政策上の制約に直面しており、財務的な方針を変更するか、B-to-C事業を手放しB-to-B事業への「選択と集中」を進めていくかという判断を迫られています。このケースでは、事業戦略と財務戦略とのかかわりに焦点を当てると同時に、M&A（特に、売却）による事業ポートフォリオの組替えとその効果について学びます。

(4) E社は、西日本のある地域の電力会社です。このケースでは地域独占を許され料金が認可制の公益事業を題材に、資本構成（特にレバレッジ）に焦点を当てて財務戦略を学びます。そのために10年間の資本構成の変化のトレンドを分析し、資本構成はどうあるべきか、配当政策を含めそのためにすべきことは何なのか、市場動向と資金調達手段の選択などの問題に焦点を当て検討します。ケース前半は東日本大震災と福島原子力発電所事故（以下「フクシマ」）前の時点で書かれていますが、すでに自己資本が肥大化して効率が悪くなっていることが問題としてあぶり出されていて、興味深いです。ケース後半（フクシマ以降）、原子力発電所の新増設がむずかしくなった時点では、単に料金問題だけでなく発送電分離論などを含む産業組織のあり方や経営体制が議論されるようになりましたが、資本構成をみていくことが電力会社のあり方を考えるときの1つの視点を提供するものと思われます。

(5) F社は、経営不振に陥った上場会社の再生（ターンアラウンド）と資金調達のケースです。すでに債務超過の状態にあるF社は上場廃止の危機に直面していますが、大規模な第三者割当増資により債務超過から脱却し、

新規事業を加速してこの危機を脱し再出発を果たしました。このケースを通して、経営不振企業のための資金調達を学びます。わが国のベンチャー企業に対する財務的支援の新しいあり方について、一石を投ずるケースです。

(6) G社は、日本を代表する大手総合商社です。業績も絶好調で、世界的に高い認知度と評判を獲得しています。インドネシアで現地パートナーと組んで製紙プロジェクトを推進中です。資金はプロジェクト・ファイナンスで調達する予定でしたが、幹事銀行の森林業融資基準に照らして問題があり融資できないことが判明したところです。このケースでは、環境問題と資金調達の関係および企業の社会的責任について焦点を当てます。

以上の6ケースに加えて、補足解説が用意されています。補足解説のなかでは各ケースの課題を検討する際に参考となるような理論と法制度に関する基礎的知識がわかりやすく紹介されます。主なテーマとしては次のようなものがあります。

  キャッシュフロー
  ビジネスモデルとは何ですか
  銀行取引の基礎
  会計上の利益（Earnings）と経済的利益（Economic Income）の違い
  株式価値の評価理論（CAPM理論とマルティプル法）
  財務戦略の基礎
  株式による資金調達（増資）
  レバレッジ効果
  金融・資本市場動向と資金調達のタイミング
  プロジェクト・ファイナンス
  赤道原則

各ケースと補足解説には、必ずしも順番はなく、読者の興味に応じてどのケースまたは補足解説から読み始めても大丈夫です。必要な部分は相互に参照するよう示されています。また参考図書も各々必要な場所で脚注に示されています。

　さらに〈まとめ〉として「日本版CFOの役割と財務戦略」と題された記事を抜粋して掲載しました。これは2000年に設立された日本CFO協会の第1回CFO Forum（2002年）で筆者が講演したものです。時期的には現在の会社法ができる前なので一部内容が古い箇所もありますが、バブル崩壊後の失われた10年を経て新しい企業財務のあり方を模索する当時の気分を反映しているので掲載時のまま転載することにしました。本邦企業のなかには、本書で扱う財務機能が企画部、経理部、総務部などにバラバラに分散されているところが少なくありません。つまり財務機能の中心であるCFOが会社の機関としては存在していないのです。企業価値を保全し成長させるという広義の財務機能の中心的機関としてCFOの役割を紹介するとともに、本書で扱った話題の多くがコンパクトにわかりやすく議論されています。本書のまとめとして最初に読んでいただければ、本全体で伝えたいことの予習になるだけでなく、各ケースの質問の趣旨も理解しやすくなるでしょう。もちろん復習にも役に立つと思います。

2012年5月

山田　晴信

■ 著者略歴

山田　晴信（やまだ　はるのぶ）

1950年生まれ。東京大学（工学部航空学科宇宙コース）卒業、ハーバード大学経営学大学院卒業（MBA）。

1973年通商産業省（現経済産業省）に入省後、モルガン・スタンレー社（在NY、東京）マネジング・ダイレクターを経て、内閣総理大臣補佐官付、HSBC証券会社代表取締役社長、香港上海銀行在日副代表兼副CEOなどを歴任。

あわせて慶應義塾大学大学院経営管理研究科（ビジネススクール）の特別研究教授（証券市場論担当）を経て、現在は日本CFO協会理事、東京女子大学理事、宇宙航空研究開発機構（JAXA）上席参与などを務める。

著書には、『官僚の本分』（小学館文庫、共著）、『21世紀の金融を考える―グローバル化と金融技術革新』（東京理科大学、共著）、『グッド・バリュー―社会人に求められる"価値観"とは』（金融財政事情研究会、監訳）などがある。

目　　次

第1章　会社設立―A食品サービス株式会社― 1

Ⅰ　初年度――利益と現金残高 …………………………………………… 2
　補足解説1－1　キャッシュフロー ………………………………… 5
　補足解説1－2　ビジネスモデルとは何ですか …………………… 12
Ⅱ　第2年度――予算と資金調達の妥当性 …………………………… 14
　補足解説1－3　銀行取引の基礎 …………………………………… 16
　補足解説1－4　会計上の利益（Earnings）と経済的利益（Economic Income）の違い ……………………………………… 26
Ⅲ　第3年度以降――投資評価の分析方法 …………………………… 30
　補足解説1－5　株式価値の評価理論（CAPM理論） …………… 34
　補足解説1－6　財務戦略の基礎 …………………………………… 50

第2章　上場（IPO）とM&A　―Bファッション・ボード株式会社― 57

Ⅰ　上場（IPO）準備 ……………………………………………………… 58
　補足解説2－1　株式による資金調達（増資） …………………… 61
　補足解説2－2　株式市場をめぐる学生との対話 ………………… 69
Ⅱ　上場（IPO） ………………………………………………………… 72
Ⅲ　M&A（合併・買収）の検討 ………………………………………… 79
　補足解説2－3　株式価値の評価理論（マルティプル法） ……… 85
Ⅳ　M&Aと組織づくり ………………………………………………… 90

第3章 企業戦略とビジネスポートフォリオ ―D電工株式会社― 105

- Ⅰ 事業の「選択と集中」とM&A（売却） …………………………106
  - 補足解説3―1　レバレッジ効果 …………………………116

第4章 金融・資本市場の動向と資金調達手段の選択 ―E電力株式会社― 123

- Ⅰ 2010年度資金調達計画の検討（フクシマ以前）…………………124
  - 補足解説4―1　金融・資本市場動向と資金調達のタイミング ………127
- Ⅱ 2011年度資金調達計画の見直し（フクシマ以後）…………………154

第5章 事業再生ファイナンス ―Fシステム株式会社― 161

- Ⅰ 増　　資 …………………………………………………………162
- Ⅱ 第三者割当増資 …………………………………………………168

第6章 企業の社会的責任 ―G商事株式会社― 177

- Ⅰ 環境問題と資金調達 ……………………………………………178
  - 補足解説6―1　プロジェクト・ファイナンス …………………182
  - 補足解説6―2　赤道原則（Equator Principles）…………………187

| まとめ | 日本版CFOの役割と財務戦略 | 191 |

あとがき ……………………………………………………………210

第 1 章

会 社 設 立
―Ａ食品サービス株式会社―

Ⅰ 初年度──利益と現金残高

　Aさんは、脱サラして自分の会社（A食品サービス株式会社、以下「A社」）を設立しました。A社は、牛乳の配達サービスをテコに、あわせてさまざまな加工食品を消費者に薄利多売で配達することで顧客をふやしていこうとしています。さいわい事業は順調に推移しています。現在、初年度の第3四半期の決算をみて、四半期ベースの売上げが240万円に達し、初めて黒字化できたことを喜んでいます。また大口の顧客も獲得できそうで第4四半期は売上げが倍増する勢いです。年間の利益も黒字化する見通しです（表1－1参照）。

　ところが手元現金の残高が徐々に減少してきており、第4四半期の自分の報酬（10万円／月）を未払いにしておくように税理士からの助言を受け、困惑してしまいました。順調にいっているはずなのになぜなのか、と思いめぐらしています。

　Aさんは、近所に住むK大学の財部信孝（たからべのぶたか）教授に相談することにしました。

表1－1　損益計算書抜粋（注）

（単位：千円）

	Q1実績	Q2実績	Q3実績	Q4見込み
売上げ	600	1,200	2,400	4,800
粗利益	150	300	600	1,200
税前利益	(289)	(179)	41	521
税金	0	0	0	37
純利益	(289)	(179)	41	484

（注）　カッコ内の数字はマイナスすなわち赤字を示す。

財部教授はＫ大学の経営学科でファイナンスを教えています。Ａさんは、そのために下記のメモと質問を用意しました。

▶初年度の実績と見通し

- 資本金300万円でＡ社設立
- 自宅に事業用の設備（冷蔵庫等）を設置し、配達用の軽トラックを購入（合計190万円）
- 顧客からの１週間分の注文を１週間前に集計
- 商品は現金で仕入れ、できるだけ在庫はもたず直接顧客に配達する
- 顧客からは１カ月分をまとめて翌月冒頭に集金
- 自分の報酬（役員報酬）は、初年度の事業が軌道に乗るまでは月に10万円にとどめ、アルバイト以外に従業員は雇わない
- 設備投資は、６年均等償却

質問

(1) 同じような業種で起業したての他社と比べて、Ａ社の事業方針の特徴的なところは何ですか

(2) 表１－２「初年度決算見通し」のなかで空欄になっているキャッシュフロー計算書と貸借対照表の第４四半期を埋めて、手元現金の状況を説明してください（新たな設備投資や資金調達はないものとします）

(3) 黒字化しているにもかかわらず報酬を未払いにしておかなければならない理由は何ですか

(4) 来期の事業も順調であることを前提に、どうしたらいいかアドバイスしてください

表1-2　A社初年度決算見通し（質問）

〈損益計算書およびキャッシュフロー計算書〉　　　　　　　　　　（単位：千円）

	Q1	Q2	Q3	Q4	年間合計
売上げ	600	1,200	2,400	4,800	9,000
原価	450	900	1,800	3,600	6,750
粗利益	150	300	600	1,200	2,250
減価償却	79	79	79	79	317
販売・一般管理費	60	100	180	300	640
役員報酬	300	300	300	300	1,200
税前利益	(289)	(179)	41	521	93
税金	0	0	0	37	37
純利益	(289)	(179)	41	484	56
キャッシュフロー					
＋減価償却	79	79	79		
運転資金調整前営業CF	(210)	(100)	120		
運転資金増	210	210	420		
①営業CF	(420)	(310)	(300)		
②投資CF	(1,900)	0	0		
③財務CF	0	0	0		
現金増減	(2,320)	(310)	(300)		

〈貸借対照表〉（期末）

	Q1	Q2	Q3	Q4	年間合計
現金（未払金）	680	370	70		
売掛金・在庫	210	420	840		
固定資産	1,900	1,900	1,900		
減価償却累計	79	158	238		
純固定資産	1,821	1,742	1,663		
総資産計	2,711	2,532	2,573		
税金未払い	0	0	0		
有利子負債	0	0	0		
資本金	3,000	3,000	3,000		
利益剰余金	(289)	(468)	(428)		
負債・株主資本計	2,711	2,532	2,573		

〈収益指標〉

	Q1	Q2	Q3	Q4	年間合計
純利益／売上げ	-48.2%	-14.9%	1.7%		
ROA（年率）	-42.7%	-28.3%	6.3%		
ROE（年率）	-42.7%	-28.3%	6.3%		
総資産回転率	0.9	1.9	3.7		

〈補足解説1-1　キャッシュフロー〉

　会社経営の目標は、社会のニーズに応える製品・サービスを提供し、現在および将来に向けて売上げや利益をあげながら企業価値と雇用を創出することで社会に貢献することです。「利益」といえば、一般的には損益計算書に示される会計上の利益を指すことが多いですが、経済的にはキャッシュ（現金および現金同等物）[1]をふやしていくことと考えられます（補足解説1-4参照）。

　キャッシュフロー計算書は、企業活動によるキャッシュの「出入」と「残高」を示すものです。企業活動を、①営業（売上げ、利益をあげること）、②投資（設備投資など）、③財務（資金を借りたり、返したりすること）の活動に分けて、どのようにキャッシュが生み出され、使われているかを明らかにします。その結果が、キャッシュの期末残高になります。

(1)　営業キャッシュフロー（Operating Cash Flow：OCF）

　営業活動によるキャッシュフローについては、次の2つの方法があります。

①　直接法キャッシュフロー

　キャッシュの実際の流れを売上代金や仕入代金などのキャッシュの増加（減少）額としてとらえる

②　間接法キャッシュフロー

　損益計算書の純利益に減価償却費等の現金支出のない費用を加え、さらに2期分の貸借対照表の流動資産（除くキャッシュ）と流動負債（除

---

[1] キャッシュフロー計算書で使うキャッシュは、①現金、②要求払預金、および③現金同等物（期間3カ月以内の定期預金、譲渡性預金等）からなる。本書では「手元現金」または「現金」と記載されることがある。

く有利子負債）の差額を調整してキャッシュの増減をとらえる

　欧米の基準による間接法キャッシュフローでは、税引後当期純利益（Net Income：NI）からスタートすることが通常です。まず現金の支出を伴わない費用（非現金費用）を足し戻し調整します。典型的には固定資産の減価償却費や貸倒引当金の増加などです。

　　運転資金調整前営業CF＝税引後当期純利益（NI）
　　　　　　　　　　　　＋非現金費用（減価償却費等：D&A）

　次いで営業活動に伴って生じる運転資金の増減（Changes of Working Capital：ΔWC）を差し引きます。典型的には、売掛金や在庫の増分を差し引き、買掛金の増分を足し戻し（マイナスを差し引き）ます。

　　営業CF（OCF）＝運転資金調整前営業CF－運転資金増減（ΔWC）
　　結果的には、
　　営業CF（OCF）＝税引後当期純利益（NI）＋非現金費用（D&A）
　　　　　　　　　－運転資金増減（ΔWC）

　なお、日本のキャッシュフロー計算書では、間接法による営業キャッシュフローは税引前当期純利益からスタートします。したがって営業活動によるキャッシュフローの最後に法人税等の支払額を記載することになります。

　本書では、欧米式のアプローチをとっています。

(2)　**投資キャッシュフロー（Investment Cash Flow）**

　設備投資（有形固定資産の取得による支出）や有価証券の純増減額などを直接法で記載します。

(3)　**財務キャッシュフロー（Financial Cash Flow）**

　借入れや社債発行、増資などによる資金調達、それらの返済、償還などを直接法で記載します

　上記(1)(2)(3)の合計が期中のキャッシュ（手元現金）の増減額になりま

すから、期首のキャッシュ残高にこれを加えれば期末のキャッシュ残高になります。

＊　　　＊　　　＊　　　＊

　直接法キャッシュフローと間接法キャッシュフローを、簡単な例を使って具体的に説明しましょう。

前提：○新規会社（⇒前期末残高なし）
　　　　○売上げ　1000（このうち、800を回収し、200は売掛金となっている）
　　　　○原価　　700　（このうち、400を支出し、300は買掛金となっている）
　　　　○期首に固定資産200を現金で取得（当期償却は20）
　　　　○当期純利益は280（売上げ1000－原価700－償却費20）
　　　　○税金、資金調達は考慮しない

　ここで、直接法による営業キャッシュフローは営業から発生するキャッシュの動き（売上げによる収入800や仕入による支出400）をダイレクトに計算し、以下のとおりとなります。

　　営業CF：400＝売上げによる収入800－仕入れによる支出400

　一方、間接法による営業キャッシュフローは、当期純利益からスタートし、非現金費用を足し戻したうえで営業債権・債務の増減を調整します。この計算から算出される営業キャッシュフローは直接法によるキャッシュフロー計算書の営業キャッシュフローと一致します。

　　営業CF：400＝当期純利益280＋償却費20－売掛金増加200
　　　　　　　　　＋買掛金増加300

【直接法】
　　売上げによる収入　　　　800
　　仕入れによる支出　　　▲400
　　営業キャッシュフロー　　400
　　固定資産の取得　　　　▲200
　　キャッシュフロー　　　　200

【間接法】
　　当期純利益　　　　　　　280
　　減価償却費　　　　　　　 20
　　売掛金増減　　　　　　▲200
　　買掛金増減　　　　　　 300
　　営業キャッシュフロー　　400
　　固定資産の取得　　　　 200
　　キャッシュフロー　　　　200

　いずれにしても期末の現金残高は、200増加することになります。

（注）▲のついた数字はマイナスを示す。

財部教授は、Aさんの話を聞きながら、質問に答えました。

回　答

(1) 同じような業種で起業したての他社と比べて、A会社の事業方針の特徴的なところは何ですか
　● A社の事業方針と予算・計画にみられるビジネスモデル2には、次のような特徴がある
　● Aさんが全額出資して、100％オーナー兼経営者としてA社を起業する

ので、自分一人の一存で会社の方針を決め、経営を行うことができる
　●新規ビジネスなので、自宅の余裕スペースを拠点にすることで初期投資額を最小化するとともに、牛乳をはじめさまざまな加工食品を配達することをテコとして顧客を開拓する方針である
　●顧客からは１週間前に注文を受け、在庫はほとんどもたずに配達するので在庫に係る費用や運転資金が節約できる
　●卸元との新規の取引をスムースに始めるため、仕入れは現金で支払う
　●一方、売上金は１カ月分をまとめて翌月冒頭に回収することにしたので、売上げが伸びれば伸びるほど売掛金（運転資金）が増加する構図である
(2)　表１－２「初年度決算見通し」のなかで空欄になっているキャッシュフロー計算書と貸借対照表の第４四半期を埋めて、手元現金の状況を説明してください（新たな設備投資や資金調達はないものとします）
　●第４四半期の現金残高はマイナス170千円となる（計算の手順と結果は表１－３、１－４に示す）
　●これは、報酬等の支払に充てる手元現金が不足することを示している
　●この原因は、(1)売上げで稼いでも、(2)売掛金という運転資金が増加するので必ずしも全額分の現金が回収されていないのに加え、(3)新たな資金調達などの財務キャッシュフローがないので、手元現金が減り続けていること
(3)　黒字化しているにもかかわらず報酬を未払いにしておかなければならない理由は何ですか
　●上記のように、売上げの伸びに合わせて売掛金が増加するので、運転資金として現金が充当され、現金残高が減少し続ける

2　ビジネスモデルという言葉は、企業運営の基本方針を理念・哲学と財務的指標をもって表したものといえる。事業が成り立つための「事業の設計図」ともいえる（補足解説１－２参照）。

表1－3　A社初年度決算見通し

(単位：千円)

	第4四半期現金残高の推移	計算式
期首現金残高	70	a
純利益	484	b
＋減価償却	79	c
運転資金調整前営業CF	563	d＝b＋c
運転資金増（注）	803	e
①営業CF	(240)	f＝d－e
②投資CF	0	g
③財務CF	0	h
現金増減	(240)	i＝f＋g＋h
期末現金残高	(170)	j＝a＋i

（注）　売掛金・在庫の増分マイナス税金未払いの増分

- つまり会計上の利益と手元現金の増減（キャッシュフロー）は必ずしもいつも同じではない
- その結果、役員報酬を未払いにしておかないと、仕入れ時の支払ができなくなり顧客からの注文を満たすことができなくなる

(4) 来期の事業も順調であることを前提に、どうしたらいいかアドバイスしてください

- 事業が成長するとは、売上げの伸びを中心に利益が増大していくことである
- 一方、事業を成長させていくためには、運転資金が事業規模に応じてふえていくので、そのための投資が必要となる（すなわち現金残高が減る）
- 投資の原資（財務キャッシュフロー）としては、資本金（株主資本または自己資本）のほか銀行借入れなどの他人資本が考えられる
- 一般的には、運転資金を構成する売掛金、在庫等の費目は短期（1年以内）に回収できる性格のものなので短期の借入金でまかなうことが多い
- Aさんに追加出資する余裕があれば増資あるいは貸付することが可能で

表1-4　A社初年度決算見通し（回答）

〈損益計算書およびキャッシュフロー計算書〉　　　　　　　　　　（単位：千円）

	Q3	Q4	年間合計	計算式(注)
売上げ	2,400	4,800	9,000	a
原価	1,800	3,600	6,750	b = a × 0.75
粗利益	600	1,200	2,250	c = a − b
減価償却	79	79	317	d = q ÷ 6 ÷ 4
販売・一般管理費	180	300	640	e
役員報酬	300	300	1,200	f
税前利益	41	521	93	g = c − d − e − f
税金	0	37	37	h = g × 0.4
純利益	41	484	56	i = g − h
キャッシュフロー				
＋減価償却	79	79	317	d
運転資金調整前営業CF	120	563	373	j = i + d
運転資金増	420	803	1,643	k = Δp − Δu
①営業CF	(300)	(240)	(1,270)	l = j − k
②投資CF	0	0	(1,900)	m
③財務CF	0	0	0	n
現金増減	(300)	(240)	(3,170)	o = l + m + n

〈貸借対照表〉（期末）

現金（未払金）	70	(170)		cash（表1-3参照）
売掛金・在庫	840	1,680		p = a × 0.35
固定資産	1,900	1,900		q = q₋₁ − m
減価償却累計	238	317		r = q ÷ 6
純固定資産	1,663	1,583		s = q − r
総資産計	2,573	3,093		t = cash + p + s
税金未払い	0	37		u = h
有利子負債	0	0		
資本金	3,000	3,000		cap
利益剰余金	(428)	56		v = v₋₁ + i
負債・株主資本計	2,573	3,093		

〈収益指標〉

	Q3	Q4	年間合計	
純利益／売上げ	1.7%	10.1%	0.6%	w = i ÷ a
ROA（年率）	6.3%	62.5%	1.8%	x = i ÷ t
ROE（年率）	6.3%	63.3%	1.8%	y = i ÷ (cap + v)
総資産回転率	3.7	6.2	2.9	z = a ÷ t

(注)　q_{-1}は一期前のq、v_{-1}も同様。Δp = p − p_{-1}（増分）、Δuも同様。

第1章　会社設立　11

あるが、銀行等からの借入れに頼ることもできる

━━━━━━━━━━━━━━━━━━━━━━━━━━━━━━━

Aさんは、やっと納得できました。
Ａ　さ　ん「先生、利益さえあがっていれば大丈夫だと思っていましたが、そうじゃないんですね。会計上の利益と手元現金の増減は違うということですね」
財部教授「そうです。手元現金の増減のことをキャッシュフロー（Cash Flow）といいます。経済的な利益（Economic Income）といってもいいでしょう。補足解説１－１と１－４を参考にしてください。会計上の利益が出ていても、キャッシュフローが不足すると会社は立ちいかなくなります。黒字倒産というのは、そういうことです。逆に会計上の赤字が出ていても、キャッシュフローが潤沢であれば倒産することはありません」
Ａ　さ　ん「そういうことなんですね。よくわかりました」

〈補足解説１－２　ビジネスモデルとは何ですか〉

　ビジネスモデルという言葉は、1980年代以降、米国カリフォルニアで使われ始めたといわれています。伝統的な事業と違った、いろいろな新規ビジネスが現れる風土のなかで、事業そのものの特徴的なあり方を記述する概念として使われてきました。企業経営者・従業員が共有している企業運営の基本方針（企業戦略）を理念・哲学のみならず財務的指標をもって表したものといえるでしょう。どうやって事業を差別化し、その競争力を培い経済性を確保するかという「事業の設計図」ともいえます。

　たとえば、事業の内容の特徴的なところを次のような要素に従ってわ

かりやすく記述します。
・だれに（対象）？
・どんな商品、サービスを（プロダクツ・生産・開発）？
・どのように提供し（販売・流通）？
・だれから（顧客）？
・どのような対価を（価格形成）？
・どのような条件で受け取るか（支払条件）？
・投資と回収のサイクルは？
・組織のあり方は（雇用・組織形態・機能）？
・規制環境は？
・競争相手は？　競争の決め手は？
・ビジネスリスクの内容は？　ヘッジの可能性は？

　具体的な例をいえば、①スーパーマーケットは現金売上げで仕入れは後払いですから、運転資金はマイナスすなわち資金源になります。また②伝統的なビジネスでは商品を提供する顧客から対価を受け取るのが普通ですが、クレジットカード事業では、多くの場合カード保有者からは対価をとらずに、デパートやレストランなどの提携先から主たる対価を得ます。③インターネットの世界では、フェイスブックのようなSNS（Social Network Service）は会員から会費を徴収することなく、広告収入などで収入をあげています。このように他社とは違うビジネスモデルを構築することで競争力のある多くの新規ビジネスが立ち上がっています。

II 第2年度──予算と資金調達の妥当性

　Aさんは、手元現金の不足を補い、かつ事業拡大を進めるために、初年度末に地元の銀行から融資（450万円）を受けることを決めました。また地元の大口顧客を獲得することができましたので、サービス体制を強化するために、新たに従業員（1名）を雇い、また追加の設備投資を行うとともにトラックも追加購入することにしました（350万円）。Aさんは基本的なビジネスモデルを変更しないまま、この体制で第2年度の後半には四半期ベースの売上げ1,000万円超を目標にしたいと考えています。

　そこで、財部教授に再度相談に行くことにしました。

▶第2年度予算（表1－5）の特徴
- 年間売上げ目標として4,000万円超を目指す
- 営業・一般管理費として売上げの10％を計上（従業員およびアルバイトの人件費を含む）
- 自分の報酬として、毎月25万円を計上
- 銀行借入れは自宅を担保に提供して、借用証書（金銭消費貸借契約証書）および銀行取引約定書を締結
- 元本は3年後に返済（予定）、金利はTIBORベース変動金利[3]、当初年4％、四半期ごとに見直し
- 設備投資は、前年度と同様6年均等償却

---

[3] TIBOR（「タイボー」と読む）はTokyo InterBank Offered Rateの略で、東京の銀行間取引金利のこと。日本における短期金融市場の実勢レートを表す指標として用いられる。

表1-5　A社第2年度予算
〈損益計算書およびキャッシュフロー計算書〉　　　　　　　　　（単位：千円）

	Q1	Q2	Q3	Q4	年間合計
売上げ	7,500	9,800	12,000	13,500	42,800
原価	5,625	7,350	9,000	10,125	32,100
粗利益	1,875	2,450	3,000	3,375	10,700
減価償却	225	225	225	225	900
販売・一般管理費	750	980	1,200	1,350	4,280
役員報酬	750	750	750	750	3,000
金利	45	45	45	45	180
税前利益	105	450	780	1,005	2,340
税金	42	180	312	402	936
純利益	63	270	468	603	1,404
キャッシュフロー					
＋減価償却	225	225	225	225	900
運転資金調整前営業CF	288	495	693	828	2,304
運転資金増	940	625	458	123	2,146
①営業CF	(652)	(130)	235	705	158
②投資CF	(3,500)	0	0	0	(3,500)
③財務CF	4,500	0	0	0	4,500
現金増減	348	(130)	235	705	1,158

〈貸借対照表〉（期末）

	Q1	Q2	Q3	Q4
現金（未払金）	178	48	283	988
売掛金・在庫	2,625	3,430	4,200	4,725
固定資産	5,400	5,400	5,400	5,400
減価償却累計	542	767	992	1,217
純固定資産	4,858	4,633	4,408	4,183
総資産計	7,661	8,111	8,891	9,896
税金未払い	42	222	534	936
有利子負債	4,500	4,500	4,500	4,500
資本金	3,000	3,000	3,000	3,000
利益剰余金	119	389	857	1,460
負債・株主資本計	7,661	8,111	8,891	9,896

〈収益指標〉

	Q1	Q2	Q3	Q4	
純利益／売上げ	0.8%	2.8%	3.9%	4.5%	3.3%
ROA（年率）	3.3%	13.3%	21.1%	24.4%	14.2%
ROE（年率）	8.1%	31.9%	48.5%	54.1%	31.5%
総資産回転率	3.9	4.8	5.4	5.5	4.3

質 問

(1) 予算の妥当性を評価してください。どんな指標に注目しますか（表中にないものも考慮してください）
(2) 予算が妥当であるとした場合、予算におけるキャッシュフローと現金残高の推移についてコメントしてください。問題点があるとすれば、何ですか
(3) 各四半期末の目標現金残高として四半期売上高の10％を仮定した場合、各四半期の必要資金調達額はどのようになりますか
(4) 資金調達を銀行借入れにしたことをどのように評価しますか。問題点があるとすれば、何ですか
(5) 他に代替案があるとすれば、どんな資金調達が考えられますか。そのメリット、デメリットについて教えてください
(6) ビジネスモデルを見直す必要はありますか

〈補足解説1－3　銀行取引の基礎〉

銀行と上手に付き合うためには、貸出業務についての銀行の考え方を理解することが大切です[4]。

(1) 銀行貸出の基本原則は何ですか

銀行は、下記5原則に従って貸出を検討します。

① 収益性
・金利スプレッド（自分のコストに上乗せする分）の確保
② 安全性

4　参考：『貸出業務の王道』吉田重雄著（金融財政事情研究会刊）、『銀行取引の常識がわかる』高千穂安長著（中央経済社刊）。

・借り手の返済能力、意思の確認
③ 成　長　性
・企業の成長をサポート
④ 公　益　性
・預金者保護、金融の円滑の確保
⑤ 流　動　性
・貸出資産の換金性、そのスピード
(2) 銀行の関心事は何ですか
① 資金使途
② 期　　　間
③ 返済方法
④ 安　全　性
→銀行は、上記を理解したうえで、取引の「形態」を決める
(3) 銀行取引の形態にはどんなものがありますか
① 商業手形割引
・手形の売買によって資金を提供する
・通常、銀行は取引先に対して銀行取引約定書[5]に同意を求める。「不渡りになったら割引を受けた企業が買戻し」等の規定がある（表1－9参照）
② 手形貸付（単名貸出）
・企業が銀行宛てに振り出した約束手形と引き換えに貸し出す
・短期貸出の典型であり、手形の書替えによって継続が可能（「単名のころがし」）

---

[5] 2000年4月、全国銀行協会が銀行取引約定書ひな型を廃止したことを受け、多くの銀行において銀行取引約定書の改訂作業が相次いで行われた。そのうち改訂ずみの一部の都市銀行および地方銀行における銀行取引約定書は、法律雑誌等においてその全文が公表されている。かつては差入れ方式が主流だったが、近年は双方署名方式に変わりつつあるといわれる。

→業績に問題なければ実質的な長期資金となるが、問題が出てくれば見直し
③　証書貸付
・借用証書（金銭消費貸借契約証書）を締結し、取り交わす
・同時に銀行取引約定書にも同意を求める
・長期貸出に適した方法であり、借り手企業には「期限の利益」がある
④　当座貸越
・契約限度（極度）まで銀行に貸付義務がある
・相当の事由があれば限度（極度）の減額や解約ができると特約しているケースが多いが、実務においてはそれを銀行が強行すると優越的地位の濫用や信義則違反に問われかねない
⑤　コミットメント・ライン
・企業は手数料（コミットメント・フィー）を払い、一定の期間、一定の融資限度額を設定できる
・銀行に貸付義務がある
⑥　担保と保証
・通常、物的担保と（または）人的担保（保証）を要求される

⑷　資金繰り表

　銀行の立場からも、企業の立場からも、毎年、毎月（場合によっては毎週、毎日）の資金繰りを理解しておくことが重要です。予算と実績を比較し、将来の資金計画を早めに考えていくことが望ましいでしょう（表1－6参照）。

⑸　経常運転資金は、短期資金（借入れ）でまかなうべきですか

　　a　銀行の立場
　　・資金使途は短期（1年未満）の流動資産が中心であり、金額も毎年変わるので、短期の貸出で対応する。期間1年の手形貸付が一般的

表1－6　資金繰り表の基本的枠組み

	1月	2月	3月	……
収入				
売上回収				
受取手形決済				
その他				
支出				
原料費				
人件費				
経費				
設備購入				
法人税等				
支払手形決済				
その他				
差引過不足				
前月繰越額				
財務収支				
翌月繰越額				

である
- 通常は返済を求めない（手形の書替えで対応……「単名のころがし」）。しかし、企業の業績に不安があれば見直しの可能性がある
- 長期貸出を行うと、企業の業績が悪化したときに債権保全の目的で期限が来る前に貸出の返済を求めることが容易でない

b　企業の立場
- 運転資金は流動資産が中心でも、企業が存続する限り必要な資金であり、長期借入れのほうが望ましい（「期限の利益」）
- 当座貸越には契約限度（極度）まで銀行に支払義務があり、不測の事態でも借入れができるメリットがあるとされる。もし銀行が拒否すれば、「優越的地位の濫用」として争うことも可能
- 不測の事態に備え、コミットメント・ラインを使うことも可能

・内部資金（株主資本）でまかなったほうが、手間も心配もなくていいとの議論もある。この場合、内部資金の資本コスト（補足解説1－5参照）は借入金利よりも高いので、そのトレードオフを考慮しなければならない

　一般的には、金利を伴わない流動負債（買掛金等）をできるだけふやして正味の運転資金を減らしつつ、短期借入れだけでなく長期資金（長期借入れおよび内部資金）も使ってまかなわれることが多いようです。ただし業種によっては、正味の運転資金がマイナスになるところもあり（スーパーマーケット等）、個別のケースに照らして考慮することが求められます。

(6) 参考：運転資金借入れで収益性が改善する条件

　運転資金増分（ΔWC）を全額借入れ（ΔD）でまかなうこととすると、金利支払後の税前利益（PBT）増加の条件は次のようになります。

　　ΔPBT＝ΔWC×限界利益率－金利（ΔD・I）＞0

・運転資金の限界利益率　$\dfrac{\partial PBT}{\partial WC}$

$$=\dfrac{\partial PBT}{\partial S}\cdot\dfrac{\partial S}{\partial WC}$$

　　＝（売上げの限界利益率）×（増加運転資金の限界売上増加率）
　　＝（売上げの限界利益率）×（運転資金の限界回転率）

・ΔWC＝ΔDだから、上式の税前利益がプラスになる条件は次のように書き換えられる。

　　（売上げの限界利益率）＞（金利）／（運転資金の限界回転率）

　　例：　3％　　　＞　　4％／2　　　改善
　　　　　3％　　　＜　　4％／1　　　悪化

　上記の「悪化」のケースでは、売上げの限界利益率が3％（100万円売上増で税前利益が3万円増）のとき、運転資金の限界回転率が1倍（100

万円の売上増を出すために、在庫または売掛金を年間平均100万円積み増すことが必要）であるような積極的な営業をしても、かえって金利（4％＝4万円）の増加をまかなうことができないということです。

課題：読者は、借入れでなく自己資本（株主資本）を使う場合はどうなるか考えてください。

（回答は補足解説2－3、88頁参照）

回　答

(1)　予算の妥当性を評価してください。どんな指標に注目しますか（表中にないものも考慮してください）
- 損益計算書を中心に、予算はおおむね妥当である（表1－5参照）
- 売上規模については、社員1人当りの売上目標、顧客数目標、顧客単価などの指標が初年度実績と比較して違和感のない現実的な範囲にあり、妥当である（表1－7参照）
- しかし営業面でリスクがあるとすれば、大口顧客を目標どおりに獲得できるか、顧客単価目標が実現可能かどうか
- 粗利益率、一般管理費等も実績と比較して妥当
- 資本効率を示す総資本回転率やROE等の利益の尺度も妥当な範囲にある
- 問題点は、現金残高にある。未払いになっている税金を控除すると、実質手元資金はほぼゼロ。黒字倒産の可能性がある（次問の回答参照）

(2)　予算が妥当であるとした場合、予算におけるキャッシュフローと現金残高の推移についてコメントしてください。問題点があるとすれば、何ですか
- 現金残高の推移をみると、第1四半期には前年度末の未払金を支払った

表1−7　A社第2年度予算（営業パラメーター）

（単位：人、千円）

	Q1	Q2	Q3	Q4	年度末
社員数	2	2	2	2	2
目標顧客単価／月					
大口	100	105	110	116	
個人	8	8	9	9	
目標売上げ内訳					
大口	1,500	2,450	3,600	4,455	
個人	6,000	7,350	8,400	9,045	
目標顧客数					
大口	5	8	11	13	
個人	250	292	317	326	
合計	255	299	328	338	
平均顧客単価／月	10	11	12	13	
目標顧客数／社員	128	150	164	169	
管理費／社員／月	125	163	200	225	

　　後、多少の現金残高（178千円）が計上されているが、第2四半期末にはわずかな残高（48千円）しかなく、十分な現金ポジションとはいえない

　●原因は、銀行借入額が年度当初の設備投資のための資金需要だけを見込んでおり、年度を通して増加する運転資金を十分に見込んだものになっていないところにある

(3)　各四半期末の目標現金残高として四半期売上高の10％を仮定した場合、各四半期の必要資金調達額はどのようになりますか

　●各四半期の必要資金調達額（現金不足）は、各々572千円、932千円、917千円、362千円となる（表1−8参照）

　●第2四半期に、現金残高が最も逼迫する

　●もし税未払い（納税予定額）をあらかじめ控除しておくとすれば、現金残高はもっと厳しい状況にある。年度末の税未払い936千円を含めて

表1－8　A社第2年度予算（必要となる資金調達額）

(単位：千円)

	Q1	Q2	Q3	Q4	年間合計
期首現金残高	(170)	178	48	283	(170)
＋①営業CF	(652)	(130)	235	705	158
－②投資CF	(3,500)	0	0	0	(3,500)
合計	(4,322)	48	283	988	(3,512)
－期末現金目標	750	980	1,200	1,350	1,350
必要調達額	5,072	932	917	362	4,862
調達額	4,500	0	0	0	4,500
余剰（不足）	(572)	(932)	(917)	(362)	(362)
期末現金残高	178	48	283	988	988
納税額控除の場合：					
税金未払い	42	222	534	936	936
余剰（不足）	(614)	(1,154)	(1,451)	(1,298)	(1,298)
必要調達額	5,114	1,154	1,451	1,298	5,798

1,298千円の現金不足となる
- 銀行借入れをもう少し増額しておけば、この事態は避けられた
- 第3年度第1四半期に支払う予定の税金を控除すれば、年度末のネット現金残高はわずか52千円であり、第3年度冒頭にはすぐに資金調達が必要となる。下手すれば黒字倒産の可能性すらある

(4) 資金調達を銀行借入れにしたことをどのように評価しますか。問題点があるとすれば、何ですか
- 起業したてのビジネスに必要な運転資金や設備資金を調達する手段としては、(1)オーナーの自己資金、(2)銀行、信用金庫等の金融機関からの借入れ（補足解説1－3参照）が最も一般的であり、A社にとっても妥当な判断である。しかしすでに触れたように、借入額はもっと増額しておくべき
- また信用証書を交わした証書借入れにより3年間の「期限の利益」を得られたことも評価できる

表1-9　銀行取引約定書による制約

〈下記のような条項があれば、注意すること〉

1	請求されたら必要な担保・保証人はいつでも出す（注）
2	差し入れた担保は全部の借入れに対するものである
3	返済が滞った場合、担保は任意に処分してかまわない
4	返済不能になったら、期限前の分でも全額を返済する
5	いつでも預金と借入れを相殺してかまわない
6	その相殺は通告なしでもかまわない
7	相殺預金はどの借入れの返済に充ててもかまわない
8	偽造印鑑で生じた損害は銀行は負担しない
9	金利は銀行の都合で変更できる
10	請求によりいつでも財務内容や所有財産の報告をする

(注)　個人が保証人の場合に限っては、包括根保証は無効。
　　　包括根保証とは、「この会社が借入れをしたものについては、すべて保証人（代表者）が保証します」というもの。2005年4月1日、民法の改正に伴い、根保証に関する規定が改められた。
　　　保証人が個人の場合は、「極度額」「期間（最長5年、定めがないときは3年間）」を定めないと、その根保証は無効となる。

●一方、銀行取引約定書によってさまざまな制約を受けることになるので注意が必要（具体的には、表1-9参照）
●このケースでは、Aさんが自分の不動産（自宅）を担保に供して融資が受けられた。返済が滞った場合は、担保が銀行によって処分される可能性がある

(5)　他に代替案があるとすれば、どんな資金調達が考えられますか。そのメリット、デメリットについて教えてください

●Aさん自身が追加出資するか、融資を行う
　　Aさんに資金の余裕があれば、外部資金に頼ることなく資金繰りの問題が解決できる。外部に金利を払う必要もなく、担保提供など銀行取引約定書の制約を受けることもない。ただしレバレッジ効果（借入金による株主資本利益率の向上：テコの効果）は得られない（補足解説3-1参照）

- ●第三者による出資

    増資して第三者に出資を要請することも可能。しかしAさんの持分と支配権は希薄化することになるので、場合によっては自分一人で物事を決めることができなくなる
- ●設備投資をリースにより実施する

    ファイナンス・リースは金融色が強い契約であり、ノン・キャンセラブル（解約不能）とフル・ペイアウト（物件から得られるすべての利益を得るとともに、物件に係るコストをすべて支払う）の2条件を満たすものをいう

    オペレーティング・リースはリース期間終了後の残存価格を設定したり、中途解約が可能である等、賃貸借色が強い契約である。賃貸借色の強い契約であるため、ファイナンス・リースと異なり、リース資産のオフ・バランスシート処理が認められている

    リース利用によるメリットは、会計基準や税制の内容によって異なるが、おおむね共通するメリットは以下のとおり
    - ・購入時のキャッシュアウト抑制と費用の平準化
    - ・一定条件下でオフ・バランスシート処理が可能
    - ・事務省力化
    - ・銀行の融資枠温存
- ●設備投資を割賦（月賦等）により実施する

    銀行の融資枠を温存できる

    資産はA社所有となり、減価償却の対象となる

(6) ビジネスモデルを見直す必要はありますか
- ●キャッシュフローを改善するため、現在の現金仕入れを月末一括払いにしてもらうよう卸元と交渉する
- ●税金も納税予定額をあらかじめ別建てにして、分別管理できるようにしておけば不測の事態を避けることができる

●コンピュータの導入など、合理化を進める
●事業成長が続いた場合、自宅での営業がいつまで可能か検討しておく

───────────────────────────

Aさん「わかりました。銀行から借り入れたことはよしとしても、目先の投資のための資金需要だけでなく、年度を通して必要になる運転資金を含めた金額を調達することが大事ですね。まさか第3年度冒頭に黒字倒産の可能性が指摘されるとは思いませんでした。また銀行取引約定書のことも、きちんと勉強しないと思わぬところで不自由なことになる可能性があるんですね……」

財部教授「そのとおりです」

Aさん「この先自分の手元に投資できる余裕資金ができれば、A社に追加出資することも考えたほうがいいですね。いつまで自宅で営業できるかも考えておきます。

　いずれにしてもキャッシュフローが大事だということ、資金を外部に頼るということは経営に対する干渉を受けることになるということがよくわかりました」

〈補足解説1－4　会計上の利益（Earnings）と経済的利益（Economic Income）[6]の違い〉

(1)　発生主義会計原則による会計上の利益（Earnings）
【特徴】
・「売上収入」は販売が発生した（たとえば納品）時点で認識する（「権

6　Economic Profitともいう。

利」の認識）と同時に「売掛金」に計上（資産項目）
・商品の製造にかかわった費用は、商品が販売された会計期間に「売上原価」として計上される（収益と費用を認識する会計期間を一致させる）

　メリットとしては、企業の会計期間中の経営状況を把握しやすいことです。一方、国際会計基準（IFRS）や日本の会計基準では、「包括利益（Comprehensive Income)[7]」の開示が行われるようになりましたが、包括利益を業績評価の尺度として使うことはまだコンセンサスが得られていない状況と思われます。

(2)　経済的利益（Economic Income)[6]

【特徴】
・資金（現金）の受取り、支払、すなわちキャッシュフロー（Cash flow）とそのタイミングの差異を認識する
・投下資金には、リスクを反映した「機会費用（Opportunity cost）」を認識する
・将来のキャッシュフローは、資本コスト（補足解説1－5参照）で割り引いて現在価値で評価する

　債権者、株主はキャッシュフローを重視します。なぜなら、手形、負債、配当を支払うための原資は「利益」ではなく、資金（現金）だからです。企業からみると、キャッシュフローで回収するまで、投下された資金は「資産化」されたままであり、回収できないリスクにさらされています。このリスクと同時に、いつどのタイミングで資金を回収するかを認識することが重要です。

7　包括利益は、純利益に資産価値の増減を加えた総合的な利益指標をいう。

【例】次の設問の場合、両案それぞれの会計上の利益と経済的利益を比較してみましょう（表1－10参照）。

【設問】
　年度当初（T＝0）に100万円（現金）で仕入れたある商品を次のような条件（案）で売却することができる場合、どちらが有利ですか（企業価値を高めますか）。ただし仕入れは自己資本でまかなうこととし、自己資本コストは年10％とします。

① 即座（T＝0）に110万円（現金）で売却する
② 年内に115万円で売却するが、代金は仕入れの1年後（T＝1）に115万円を回収する

【回答】
表1－10　両案の比較

(単位：万円)

損益計算	会計上の利益		経済的利益（キャッシュフロー）		
	①案	②案	年度	①案	②案
売上げ 原価	110 <u>100</u>	115 <u>100</u>	T＝0 T＝1	(100)＋110 <u>0</u>	(100) <u>115</u>
税前利益	<u>10</u>	<u>15</u>	現在価値(NPV) @10％p.a.	<u>10</u>	<u>5</u>
判定	×	○	判定	○	×

　会計上の利益では②案のほうが有利ですが、正味現在価値でみた経済的利益では①案のほうが有利です。理論的には企業の価値は、会計上の利益ではなく経済的利益によって決まるとされます。したがってこの場合は、①案のほうが企業価値の向上には貢献することになります。

　実務的な観点からは奇異に思う読者もあることと想像されます。一般的には、会計上の利益が大きな②案が選択されることが多くありそうだからです。しかし②案では売上回収に1年かかるだけでなく回収ができ

ないリスクがあること、および①案ではすぐに回収された現金を次の仕入れに回して次のビジネスに生かすことができること（その利益の目標が資本コスト年10％であること）を考慮すれば、経済的利益の意味が理解しやすいのではないでしょうか。

III

第3年度以降──投資評価の分析方法

　Aさんは、これまでの事業が好調で今後の見通しも良好なので、第3年度にはさらに本格的な事業展開を進めるために従業員を1名追加し、必要な設備増強に加えてトラックも3台目を購入することにしました（350万円）。また、これまで現金仕入れをしてきた卸元の一部から、支払を月末にまとめて行えるように手配をしてもらいました。資金繰りが少し楽になりそうです（表1−11a〜c参照）。

　さらに自分の貯金が満期を迎えるので、A社に追加出資（融資または増資）して銀行からの借入金を一部返済するとともに、成長を加速するための追加投資を第3年度（またはそれ以降に）行うことを検討することにしました。現在、手元には次の2案があります。Aさんは、そもそもこの時点でA社への追加投資が望ましいのか、もし望ましいとしてもどちらの案を優先すべきか、あるいは両方とも投資すべきなのか、順番やタイミングを考慮すべきなのか、思いめぐらしています。

1 営業促進と一般管理事務の効率化・合理化のために、パソコンの導入やインターネット上のホームページの立上げを中心としたIT投資を行う（投資の効果は、約2年）

2 自宅が手狭で、自宅での事業活動が不便になってきたため、新たに事業所を借り受けて新規設備投資を行い、さらなる事業展開に備えることとする（投資の効果は、約4年）

　それぞれの新規投資額と将来の追加キャッシュフローの予測は、表1−12にまとめられています。Aさんは、再度財部教授に相談しなければならない

表1-11a A社第3年度予算
〈損益計算書およびキャッシュフロー計算書〉 (単位:千円)

	Q1	Q2	Q3	Q4	年間合計
売上げ	16,000	18,000	20,000	22,000	76,000
原価	12,000	13,500	15,000	16,500	57,000
粗利益	4,000	4,500	5,000	5,500	19,000
減価償却	371	371	371	371	1,483
販売・一般管理費	1,600	1,800	2,000	2,200	7,600
役員報酬	2,000	2,000	2,000	2,000	8,000
金利	25	25	25	25	100
税前利益	4	304	604	904	1,817
税金	2	122	242	362	727
純利益	3	183	363	543	1,090
キャッシュフロー					
+減価償却	371	371	371	371	1,483
運転資金調整前営業CF	373	553	733	913	2,573
運転資金増	1,209	503	383	263	2,359
①営業CF	(836)	50	350	650	214
②投資CF	(3,500)	0	0	0	(3,500)
負債返済	(2,000)	0	0	0	(2,000)
資金調達（増資）	7,000	0	0	0	7,000
③財務CF	5,000	0	0	0	5,000
現金増減	664	50	350	650	1,714

〈貸借対照表〉（期末）

	Q1	Q2	Q3	Q4
現金（未払金）	1,652	1,702	2,052	2,702
売掛金・在庫	5,600	6,300	7,000	7,700
固定資産	8,900	8,900	8,900	8,900
減価償却累計	1,588	1,958	2,329	2,700
純固定資産	7,313	6,942	6,571	6,200
総資産計	14,564	14,943	15,623	16,602
税金未払い	2	123	365	727
買掛金	600	675	750	825
有利子負債	2,500	2,500	2,500	2,500
資本金	10,000	10,000	10,000	10,000
利益剰余金	1,463	1,645	2,008	2,550
負債・株主資本計	14,564	14,943	15,623	16,602

〈収益指標〉

	Q1	Q2	Q3	Q4	
純利益／売上げ	0.0%	1.0%	1.8%	2.5%	1.4%
ROA（年率）	0.1%	4.9%	9.3%	13.1%	6.6%
ROE（年率）	0.1%	6.3%	12.1%	17.3%	8.7%
総資産回転率	4.4	4.8	5.1	5.3	4.6

表1-11b　第3年度予算（必要となる資金調達額）　　　　　　　　　（単位：千円）

	Q1	Q2	Q3	Q4	年間合計
期首現金残高	988	1,652	1,702	2,052	988
＋①営業CF	(836)	50	350	650	214
－②投資CF	(3,500)	0	0	0	(3,500)
合計	(3,348)	1,702	2,052	2,702	(2,298)
－期末現金目標	1,600	1,800	2,000	2,200	2,200
必要調達額	4,948	98	(52)	(502)	4,498
調達額	5,000	0	0	0	5,000
余剰（不足）	52	(98)	52	502	502
期末現金残高	1,652	1,702	2,052	2,702	2,702
納税額控除の場合：					
税金未払い	2	123	365	727	727
余剰（不足）	50	(222)	(313)	(225)	(225)
必要調達額	4,950	222	313	225	5,225

表1-11c　営業パラメーター　　　　　　　　　　　　　　　　　　（単位：千円）

	Q1	Q2	Q3	Q4	年間合計
社員数	3	3	4	4	4
目標顧客単価／月					
大口	122	128	134	141	
個人	10	10	11	11	
目標売上げ内訳					
大口	4,800	5,400	6,000	6,600	
個人	11,200	12,600	14,000	15,400	
目標顧客数					
大口	13	14	15	16	
個人	384	411	435	456	
合計	397	425	450	472	
平均顧客単価／月	13	14	15	16	
目標顧客数／社員	132	142	113	118	
管理費／社員／月	178	200	167	183	

表 1-12　投資案の比較　　　　　　　　　　　　　　　　　　（単位：千円）

年度	0	1	2	3	4
(1) IT投資					
楽観ケース	(5.0)	4.0	4.0	—	—
標準ケース	(5.0)	3.5	3.5	—	—
悲観ケース	(5.0)	3.0	3.0	—	—
(2) 新事業所					
楽観ケース	(5.0)	2.50	2.50	2.50	2.50
標準ケース	(5.0)	2.00	2.00	2.00	2.00
悲観ケース	(5.0)	1.65	1.65	1.65	1.65

と思い、質問事項をまとめました。

質問

(1) 追加投資には、その価値がありますか（A社の成長のために望ましいですか）。どんな評価基準や分析方法がありますか

(2) ファイナンスの教科書をみると、NPV（Net Present Value：正味現在価値法）が評価方法としては望ましいと書かれています。このケースの割引率（資本コスト）は年率 8〜12% が妥当と仮定したとき、それぞれの案の標準ケースを比較するとどちらの案がより望ましいですか

(3) IRR、ペイバック（回収期間）などの評価方法を使ったとき、どちらの案がより望ましいですか

(4) 標準ケースだけでなく、楽観ケースや悲観ケースを分析すると、総合的にどちらの案がより望ましいですか

(5) もし両方とも投資すべきだとすると、その順番やタイミングを考慮すべきですか

(6) そもそも割引率（資本コスト）として、何%を使うのが妥当ですか

(7) 追加投資を行う場合、そのための資金調達方法として①追加借入れ、または②増資が考えられます。このケースでは、どちらが望ましいですか。投資案によって異なりますか

(8) もし追加借入れをすると仮定したら、銀行から借入れをふやす案とAさん自身が融資をする案が考えられますが、その違いは何ですか

(9) もし増資をすると仮定したら、Aさん自身が出資する案と第三者に出資してもらう案が考えられますが、その違いは何ですか。Aさんの立場に立って、どちらをお勧めしますか

(10) 事業会社として財務の健全性を維持するためには、適切な資本構成（借入金と株主資本の比率など）に十分配慮することが大切です。このケースで適切な資本構成を考えるとき、重要な要素は何ですか

〈補足解説1－5　株式価値の評価理論（CAPM理論）[8]〉

(1)　CAPMとは何ですか

　CAPM（キャップエムと読む）は、資本資産価格モデル（Capital Asset Pricing Model）の略号です。このモデルは、ハリー・マーコウィッツによる分散投資と現代ポートフォリオ理論についての先行研究をもとに、ウィリアム・シャープほかによってそれぞれ独立に考え出されました。マーコウィッツとシャープはファイナンス経済学へのこの貢献によって、ノーベル経済学賞を受けました。

　CAPMは、ある株式をすでによく分散されたポートフォリオに組み

---

[8]　参考：『経営財務講義』諸井勝之助著（東京大学出版会刊）、『現代ファイナンス論〈改訂版〉』Z.Bodie & R.C.Merton著、大前恵一郎訳（ピアソン・エデュケーション刊）、『コーポレートファイナンス第6版』R.A.Brealey & S.C.Myers著、藤井真理子ほか監訳（日経BP社刊）、"Valuation, Second Edition" by T.Copeland, others ; published by John Wiley & Sons.

入れるときに、合理的に要求されるリターンの理論値を与えてくれます。この理論値は、その株式の将来のキャッシュフローの現在価値としての価格を決定する際の資本コスト（割引率）として用いられます。株式の資本コストは配当だけではありません。投資家に要求される、合理的で適切なリターンが、すなわち経営者にとっての資本コストなのです。

(2) 株式価値をどう計算しますか

株式価値（EqV：Equity Value）の評価は、通常「企業価値（EnV：Enterprise Value）」から「純有利子負債（Net Debt）」を差し引いて求めます（図１－１参照)[9]。この場合、企業価値は会社全体の資産が将来生

図１－１　企業価値の概念

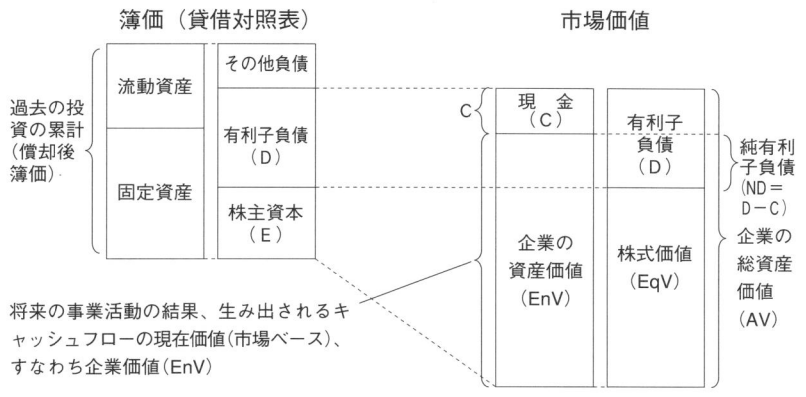

```
        簿価（貸借対照表）              市場価値

       ┌─────┬─────┐        ┌─────┬─────┐
       │     │その他負債│        │ 現金 │     │ 有利子
過去の投│流動資産├─────┤        │ (C) │     │ 負債
資の累計│     │有利子負債│   C────┤     │     │ (D)     純有利子
（償却後│     │ (D)     │        │     ├─────┤        負債
簿価）  ├─────┼─────┤        │ 企業の│     │        (ND =
       │固定資産│株主資本 │        │資産価値│株式価値│        D－C)
       │     │ (E)     │        │(EnV) │(EqV) │        企業の
       └─────┴─────┘        └─────┴─────┘        総資産価値
                                                          (AV)
将来の事業活動の結果、生み出されるキ
ャッシュフローの現在価値（市場ベース）、
すなわち企業価値（EnV）
```

※ここで次の関係が成り立つ。
　　　$C＋EnV＝AV＝D＋EqV、D－C＝ND$
　　　$EqV＝AV－D＝EnV－（D－C）＝EnV－ND$
過去の投資額のうち株主に帰属する簿価上の株主資本（E）と市場が評価する株式価値（時価総額：EqV）は異なる概念である。投資以上の価値をつくりだしている企業の場合は$EqV/E＝PBR＞1$となる。

---

[9] 企業価値に現金を加えた「企業の総資産価値」（AV：Aggregate Value）からグロスの全有利子負債を差し引いても同じ株式価値が得られる。

み出すフリー・キャッシュフローを加重平均資本コスト（WACC：Weighted Average Cost of Capital）で割り引いて求められる現在価値です。純有利子負債は、全有利子負債から手元現金を差し引いたものです。一般的には、DCFモデル（Discounted Cash Flow Model）ともいわれます。

フリー・キャッシュフローは、営業資産が生み出すキャッシュフロー（EBIAT[10]＋non-cash expenses：金利控除前税引後の純利益および減価償却などの非現金費用）から必要な運転資金増分および設備投資等の投資キャッシュフロー（increase in working capital＋capital expenditures）を引いた差であり、財務関連のキャッシュフロー（金利、返済、調達）は含みません。将来のキャッシュフローを正しく予測するためには、当該企業の事業計画をそのまま使うのではなく、ビジネス環境や計画の前提条件を厳しく審査することが必要です。

(3) CAPMの資本コストとは何ですか

投資家がよく分散されたポートフォリオのなかで、ある株式を保有する場合に、その株式の評価のために合理的に要求し期待すべきリターン（割引率：リスクフリー・レート＋リスク・プレミアム）です。経営者にとっては、資本コストになります。将来のフリー・キャッシュフローを割り引いて現在価値を計算するときに使います。

a 有利子負債がない場合

有利子負債がない場合、資本コスト（割引率）は株式のみの資本コスト（次式）を用いて株式価値を算出します。

$R = R_f + \beta \cdot (R_m - R_f)$

R：株式の資本コスト（投資家の期待リターン）

---

[10] Earnings Before Interest After Taxの略。金利控除前の利益（EBIT）から、見合いの税額を差し引いた額。NOPLAT（Net Operating Profit Less Adjusted Tax）ともいわれる。

表1−13 株式（Equity）の資本コスト

（単位：％）

β	R_f	R_m	$(R_m - R_f)$	R
0.8	1.0	7.0	6.0	5.8
1.0	1.0	7.0	6.0	7.0
1.2	1.0	7.0	6.0	8.2
1.4	1.0	7.0	6.0	9.4
1.6	1.0	7.0	6.0	10.6
1.8	1.0	7.0	6.0	11.8
2.0	1.0	7.0	6.0	13.0

R_f：リスクフリー・レート（安全資産の期待リターン）

R_m：株式市場の平均資本コスト（投資家の期待リターン）

β（ベータ）：当該株式のシステマティック・リスク（市場平均の動きに対する感応度）

　日本においてはリスクフリー・レート（安全資産の期待リターン）として、10年もの国債の利回りを使うことが多いようです。2011年11月の市場では、約1％でした。株式市場の超過リターン（$R_m - R_f$：平均リターン・マイナス・リスクフリー・レート、すなわちリスク・プレミアム）については、統計的な分析によれば4〜5％の範囲にあるとされますが、同時点では6％前後に上がっていたものと推計されます（補足解説2−3参照）。β（ベータ）によって株式の資本コストがどの程度変化するか、表1−13に示します。

　b　有利子負債がある場合

　有利子負債がある場合は、金利支払前のフリー・キャッシュフローを加重平均資本コスト（WACC）で割り引いて企業価値を算出します。株式価値はこの企業価値から純有利子負債を差し引いて求められます。WACCは次式で与えられます。

$$\text{WACC} = \frac{D}{D+E}(1-\tau)i + \frac{E}{D+E}R$$

D：純有利子負債
i：金利
E：株主資本
R：株式の資本コスト（投資家の期待リターン）
τ：税率

借入比率（$D/(D+E)$）が20％のときのWACC計算事例を表１−14に示します。

金利は株式の資本コストより安く、また法人税のベースとなる税前利益から控除できるので、借入比率が上がればWACCは株式の資本コス

表１−14　WACC

(単位：％)

	税前コスト	税率	税引後コスト	ウェイト	コスト構成
有利子負債	4.0	40.0	2.4	20.0	0.5
株式	8.0	n.a.	8.0	80.0	6.4
WACC					6.9

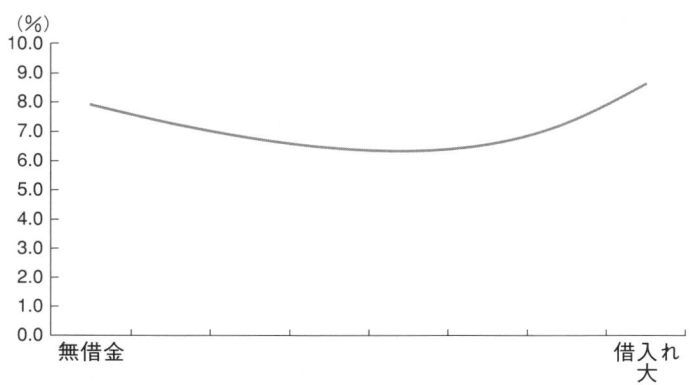

図１−２　WACC

トよりも安くなります。しかし借入比率がさらに上がると倒産リスクなどが上昇し、金利も株式のコストも上昇するので、いずれはWACCが上昇に転じることになります。これを概念的にグラフに示すと図1－2のようになります。

　グラフにあるように借入比率が高くなるにつれWACCは徐々に下がりますが、あるレベル以上に借入比率が高くなるとむしろWACCは上がります。逆にいうとWACCが最小になる借入比率があるはずであり、これをもって最適資本構成ということもあります。しかし実務的には補足解説1－6で述べるように、個別業種の特性やライフサイクルの段階などのさまざまな要因をバランスよく検討して、個別の企業ごとに最適資本構成は決められるべきです。

(4) DCF法を実際に応用した事例に即して解説してくれますか

　XYZ社を事例に、DCF法による基本的な企業価値、株式価値分析モデルのひな型を表1－21に示します。このモデルのつくり方を段階的に解説しましょう。

　a　前提条件を仮定する

　モデルは各年度の売上高から始まり、損益計算書、貸借対照表の各項目が予測され、結果的にフリー・キャッシュフローに至るような構造になっています（前提条件は表1－15参照）。

　このモデルでは、5年度までは1年ごとに予測し、6年度以降は成長率を変えてまとめて残存価値（TV：Terminal Value）を計算します（表1－16参照）。

　b　損益計算書およびキャッシュフロー計算

　実績（0年度）からスタートして、各年度の前提条件を適用し損益計算書とキャッシュフロー計算します（表1－17参照）。

　c　現在価値の計算（表1－18参照）

　n年度の割引係数は下記により求めます（r＝WACC）。

表1-15 前提条件（1～5年度）

年　　　度	0（実績）	1	2～5
売上成長率	5.0%	5.0%	5.0%
割引率（WACC）		8.0%	8.0%
EBITDA／売上げ	25%	25%	25%
運転資金／売上げ（net WC/S）	20%	20%	20%
固定資産回転率（S/Net FA）	1.00	1.00	1.00

表1-16 前提条件（6年度以降）

年　　　度	6年度以降
売上成長率	0.0%
割引率（WACC）	8.0%
EBITDA／売上げ	25%
運転資金／売上げ（net WC/S）	20%
固定資産回転率（S/Net FA）	1.00

表1-17 損益計算書およびキャッシュフロー計算書

年　　　度	0（実績）	1	中略	6年度以降
損益計算書				
売上げ	400.0	420.0	……	510.5
EBITDA	100.0	105.0	……	127.6
減価償却等	(40.0)	(42.0)	……	(51.1)
EBIT	60.0	63.0	……	76.6
税金	(24.0)	(25.2)	……	(30.6)
純利益	36.0	37.8	……	45.9

年　　　度	0（実績）	1	中略	6年度以降
キャッシュフロー				
純利益	36.0	37.8	……	45.9
減価償却等	40.0	42.0	……	51.1
運転資金調整前営業CF	76.0	79.8	……	97.0
運転資金増	3.8	4.0	……	0.0
①営業CF	72.2	75.8	……	97.0
②投資CF	(59.0)	(62.0)	……	(51.1)
フリーCF＝①＋②	13.1	13.8	……	45.9

$$\frac{1}{(1+r)^n}$$

6年度以降の割引係数は、永久成長率g（ただしg＜r）とすると次のようになります。

$$\frac{1}{r-g}$$

<u>d　バリュエーション</u>

予測期間冒頭（第0年度末）の資本構成を表1－19のように仮定すると、表1－20にあるようにその時点での企業価値と株式価値が算出されます。XYZ社の企業価値は約635億円、株式価値は約515億円ということになります。

表1－18　現在価値の計算

年　度	0（実績）	1	中略	6年度以降
フリーCF＝①＋②	13.1	13.8	……	45.9
割引係数		0.926	……	12.500
現在価値		12.8	……	574.3
累計		12.8	……	634.8

表1－19　資本構成

純有利子負債	120.0
株主資本	360.0
D/Eレシオ	33.3%

表1－20　バリュエーション

予測期間（5年）PV	60.4
残存価値TV	574.3
企業価値	634.8
純有利子負債	120.0
株式価値	514.8

表1−21 DCF法による株式価値分析のフレームワーク（XYZ社）

(単位：億円)

年　　　度	0（実績）	1	2	3	4	5	6年度以降
前提条件：							
成長率	5.0%	5.0%	5.0%	5.0%	5.0%	5.0%	0.0%
割引率（WACC)		8.0%	8.0%	8.0%	8.0%	8.0%	8.0%
EBITDA/S	25%	25%	25%	25%	25%	25%	25%
Net WC/S	20%	20%	20%	20%	20%	20%	20%
S/Net FA	1.00	1.00	1.00	1.00	1.00	1.00	1.00
損益計算書							
売上げ	400.0	420.0	441.0	463.1	486.2	510.5	510.5
EBITDA	100.0	105.0	110.3	115.8	121.6	127.6	127.6
減価償却等	(40.0)	(42.0)	(44.1)	(46.3)	(48.6)	(51.1)	(51.1)
EBIT	60.0	63.0	66.2	69.5	72.9	76.6	76.6
税金	(24.0)	(25.2)	(26.5)	(27.8)	(29.2)	(30.6)	(30.6)
純利益	36.0	37.8	39.7	41.7	43.8	45.9	45.9
キャッシュフロー							
純利益	36.0	37.8	39.7	41.7	43.8	45.9	45.9
減価償却等	40.0	42.0	44.1	46.3	48.6	51.1	51.1
運転資金調整前営業CF	76.0	79.8	83.8	88.0	92.4	97.0	97.0
運転資金増	3.8	4.0	4.2	4.4	4.6	4.9	0.0
①営業CF	72.2	75.8	79.6	83.6	87.8	92.1	97.0
②投資CF	(59.0)	(62.0)	(65.1)	(68.4)	(71.8)	(75.4)	(51.1)
フリー CF＝①＋②	13.1	13.8	14.5	15.2	16.0	16.8	45.9
割引係数		0.926	0.857	0.794	0.735	0.681	12.500
現在価値		12.8	12.4	12.1	11.7	11.4	574.3
累計		12.8	25.2	37.3	49.0	60.4	634.8

資本構成（第0年度末）

純有利子負債	120.0
株主資本	360.0
D/Eレシオ	33.3%

バリュエーション

予測期間（5年）PV	60.4
残存価値TV	574.3
企業価値	634.8
純有利子負債	120.0
株式価値	514.8

参考指標

ROE	10.0%
PER	13.6
PBR	1.43

前提条件や純有利子負債（あるいはD/Eレシオ）を変えることで、感度分析ができます。

　a～dの段階を統合すると、表1－21ができあがります。

回答

(1) 追加投資には、その価値がありますか（A社の成長のために望ましいですか）。どんな評価基準や分析方法がありますか
- 追加投資は両案とも500万円の予算を必要とするが、投資額を上回るキャッシュフローを2～4年の期間に回収することができる見通しであり、投資の価値はプラスであり、A社の成長に寄与すると思われる
- 投資の評価・分析は、会計上の利益ではなく、キャッシュフローの予測をベースに行うことが望ましい（補足解説1－4参照）
- 分析方法としては、NPV、IRR、ペイバック（回収期間）などがある（表1－22a、b参照）

(2) ファイナンスの教科書をみると、NPV（Net Present Value：正味現在価値法）が評価方法としては最も望ましいと書かれています。このケースの割引率（資本コスト）は年率8～12％が妥当と仮定したとき、それぞれの案の標準ケースを比較するとどちらの案がより望ましいですか
- 両案のNPV（正味現在価値）は、標準ケースで❶が92万～124万円、❷が107万～162万円であり、❷新事業所案のほうが望ましい

　計算例：❶で8％割引率

$$-5 + \frac{3.5}{(1.08)} + \frac{3.5}{(1.08)^2} = 1.241$$

(3) IRR（内部収益率）、ペイバック（回収期間）などの評価方法を使ったとき、どちらの案がより望ましいですか
- 標準ケースにおいてIRRでは❶が25.7％、❷が21.9％であり、収益率

表1-22a 投資案の比較（NPV）

	割引率（資本コスト）			NPVによる判定		
	8%	10%	12%	8%	10%	12%
(1) IT投資 楽観ケース	2.13	1.94	1.76	×	×	×
標準ケース	1.24	1.07	0.92	×	×	×
悲観ケース	0.35	0.21	0.07	×	×	○
(2) 新事業所 楽観ケース	3.28	2.92	2.59	○	○	○
標準ケース	1.62	1.34	1.07	○	○	○
悲観ケース	0.47	0.23	0.01	○	○	×

表1-22b 投資案の比較（IRR、ペイバック）

	IRR	ペイバック（年）	IRRによる判定	ペイバックによる判定
(1) IT投資 楽観ケース	38.0%	1.25	○	○
標準ケース	25.7%	1.43	○	○
悲観ケース	13.1%	1.67	○	○
(2) 新事業所 楽観ケース	34.9%	2.00	×	×
標準ケース	21.9%	2.50	×	×
悲観ケース	12.1%	3.03	×	×

（リターン）では**1**IT投資案のほうが望ましい

計算例：**1**のIRR

$$-5 + \frac{3.5}{(1.257)} + \frac{3.5}{(1.257)^2} = 0$$

●ペイバックでも**1**が1.43年、**2**が2.5年であり、より早く投資回収でき

る■IT投資案のほうが望ましい

計算例：■のペイバック

$$\frac{5}{3.5} = 1.429 \text{年}$$

(4) 標準ケースだけでなく、楽観ケースや悲観ケースを分析すると、総合的にどちらの案がより望ましいですか
- 楽観ケース、悲観ケースともにIRR、ペイバックでは■案のほうが望ましいが、NPVでは割引率（資本コスト）12%でかつ悲観的なケースを除き■案のほうが望ましいという結果になり、判断はむずかしい
- もし事業が軌道に乗り始めたこの時点ではリスク回避をより重要だと考えると、リスクの対価である割引率を最も高い12%と設定して検討すべきである
- その場合（割引率12%）は、悲観ケースにおいてNPVでも■案のほうが優れている
- 起業して3年目という時点で、より保守的な経営姿勢を重視して総合的に判断すると、■IT投資案を優先して選択すべきである（■、■案が相互に独立した選択肢で、片方しか選べない場合）
- しかし両案とも価値ある投資案であるので、資金調達さえ可能であれば両方とも投資すべきである

(5) もし両方とも投資すべきだとすると、その順番やタイミングを考慮すべきですか
- 順番は重要。現在の自宅を拠点として使い続ける前提でIT投資を行うと、近い将来事務所が新設される際には一部ムダが生じる可能性が高い（すなわち■案のキャッシュフローは、■案の選択のタイミングによって変わりうる）
- したがって、もし新事務所に移転することが確実なら、再分析が必要。まず新事務所に投資し、次にIT投資を行うのが望ましいという結論に

なる可能性が高い

(6) そもそも割引率（資本コスト）として、何％を使うのが妥当ですか
- 割引率（資本コスト）は、資本提供者にとっての期待リターンであると同時に経営者にとっての投資のハードル・レート（それ以下では投資をしない期待リターン）である
- その内訳は、(a)安全利子率（リスクのない安全資産に投資して得られるリターン）と(b)リスク・プレミアム（リターンの不確実性すなわちリスクに対して求めるべき上乗せリターン）からなっている
- 上記(a)、(b)ともに市場の状況によって変動するものであるが、2011年時点の東京証券取引所の上場銘柄平均では(a)が年利約1％、(b)が約6〜7％であると推測される。合計すると平均的システマティック・リスク（$\beta = 1$）の上場会社の場合、株式の割引率（資本コスト）は約7〜8％（補足解説1－4参照）
- A社の場合は起業したての未上場会社であり、Aさんが100％保有する会社であるので、ある程度自己裁量で決められるが、平均的上場会社に比べてリスクは大きいので10％前後の割引率が妥当と考えられる
- ベンチャー・キャピタルのような第三者の投資家は、一般的に20〜30％の割引率を適用するといわれている

(7) 追加投資を行う場合、そのための資金調達方法として①追加借入れと、②増資が考えられます。このケースでは、どちらが望ましいですか。投資案によって異なりますか
- 資金調達方法を検討するには、資本構成についての基本方針を明確にしておくことが必要
- 具体的には、次のような財務指標をベンチマーク（目標値）とすることが効果的

・カバレッジ・レシオ

例：営業利益／金利＞5倍
　・レバレッジ・レシオ
　　　例：有利子負債／株主資本＜75％
　・キャッシュフロー・レシオ
　　　例：営業キャッシュフロー／（金利＋返済）＞2倍

●そのうえで、資金使途、収益状況、リスク、銀行融資枠の余裕、タイミング、Aさん自身の支配権等を考慮して判断すべき
●上記の財務指標ベンチマークを採用すると仮定すれば、追加投資案の片方だけ（500万円）であるなら①追加借入れでもほぼ大丈夫であるが、両方（1,000万円）投資する場合は借入過多となり②増資が必要となる
●また資金使途と期間の観点からみれば、❶IT投資案は2年、❷新事業所案は4年の効果と想定されている。❶の場合の継続投資の必要性、また❷のほうがより長期的な資金の固定化をもたらすことを考慮すると、短期の借入金に頼るより、長期の借入金（「期限の利益」確保）または増資が望ましい

(8) もし追加借入れをすると仮定したら、銀行から借入れをふやす案とAさん自身が融資をする案が考えられますが、その違いは何ですか
●銀行から借入れをふやす場合は、当然審査が必要となり、さまざまな資料等を請求されることになり、事務的対応のために時間をとられる
●借入依存度が高まれば、それに応じて銀行からの介入の機会がふえ、金利が高くなることが予想される
●Aさんの融資は自己裁量でできることであり、金利も合理的な範囲で設定できるが、銀行借入れには返済順位で劣後することになり、実質は出資金と同じとみなされる

(9) もし増資をすると仮定したら、Aさん自身が出資する案と第三者に出資してもらう案が考えられますが、その違いは何ですか。Aさんの立場に立

って、どちらをお勧めしますか
- Aさん自身が出資する限り、A社は自分が100％所有する会社であり続けるので、会社の方針は自分一人で何でも決めることができる
- 第三者が出資して株主となれば、その持分に応じてさまざまな権利を有することになるので、何でもAさん一人で決めることはできなくなる
- 設立して間もない現状とAさんの経営方針がこれまでうまく機能してきた実績をふまえれば、この段階ではAさん自身が出資し持分と支配力を維持するのが望ましい

(10) 事業会社として財務の健全性を維持するためには、適切な資本構成（借入金と株主資本の比率など）に十分配慮することが大切です。このケースで適切な資本構成を考えるとき、重要な要素は何ですか
- 資本構成を考慮する際に重要な要素はFRICT（フリクトと読む：下記5項目の頭文字）である（補足解説1－6参照）

- Flexibility：財務の柔軟性、すなわち借入能力（このケースでは、Aさんの個人資産も担保として重要な要素）
- Risk：営業リスク、商品リスク、経営者リスク、財務リスクなどのさまざまなリスク（事業が計画どおりにいかないリスク）
- Income：資本コストと経済性、収益性、成長性など、利益（キャッシュフロー）を生み出す力
- Control：経営の支配権（具体的には、株式の持分と議決権）
- Timing：投資や資金調達のタイミング、順番等

- 特にA社が設立間もない会社である（ライフサイクルの初期にある）ことから、一般的に事業リスクが大きい段階にあると想定される。リスクのクッションとなる自己資本（株主資本）をできるだけ厚くもっていることが肝要

Ａさん「なるほど……投資の優劣を検討するためには、いろいろな評価方法があるんですね。ただ一つの方法だけで比較しても、長短があり、必ずしも適切な結論を得ることにならないことがよくわかりました」

財部教授「複眼的なものの見方が大切ですね。教科書ではNPVが優れているとしていますが、実務的にはいろいろな見方があります」

Ａさん「資本コストの概念も興味深いですね。投資家の求めるリターンがすなわち経営者にとっての資本コストだというのは、目からウロコが落ちるような気がします。たとえ配当を払わなくても、株式（自己資本）にはコストがあるということですね。リターンが資本コストを超えるような投資でなければ、企業価値を損ねることになるので投資をしてはいけないということですね。資本構成を考える際のフリクト（FRICT）もよくよく心にとどめておきます」

財部教授「そうですね。資本コストを意識して会社を経営することが、会社の価値を成長させていくための必要条件です。また財務戦略を考えるときには、FRICTの各要素のなかで何がいちばん重要か、それらの要素のなかでどんなトレードオフがあるのかを意識していくことが大事ですよ。Ａ社の場合は、起業して間もない会社です。経営の自由度を確保するために株式を100％保有することと、リスクに備えて十分な自己資本をもっていることが当面重要です。つまりＦ（借入能力）とＣ（支配権）が大事な要因ですね。一方、個人の自己資金に限りがある以上、銀行との関係を良好に保つことも大切ですね。安定的な成長が期待できるときは、借入れをふやしてレバレッジ効果をあげることもできます（補足解説３－１参照）」

Ａさん「ありがとうございます。事業はなんとか軌道に乗ってきたような気がします。会社の今後の発展を考えるうえで忘れてはいけないことをアドバイスしてください」

財部教授「企業が成長していくためには、当面2つの軸に沿って事業を拡大していくことが考えられます。1つ目の軸は顧客ですね。顧客ベースをふやしていくこと、つまり地域のカバレッジをふやすか、新しい顧客層をねらうかですね。2つ目の軸は商品やサービスの幅を広げていくことです。加工食品以外の商品を取り込むことも考えられますか」

Aさん「たとえば担当者をふやして、他の地区にも同じようなサービスを広げていくということですね。商品リストに生鮮食品や日用品を含めるかどうかも検討したいですね。インターネット経由で注文を受けることも考えられます」

財部教授「いいですね。会社が成長していけば、さらに資金が必要になってきます。これからもキャッシュフローと資本構成に注目して経営してください。また、いろんなことを社員に任せていく機会がふえます。間違いを起こさないように、会社組織を徐々に整備していくことが求められますよ」

Aさん「よくわかりました。頑張ります！ これからもいろいろご指導ください」

〈補足解説1-6　財務戦略の基礎〉

(1) 財務とは、どんな業務内容ですか。経理とは何が違うのですか

　財務は、企業価値を守り、成長させていくために必要な活動のすべてです。担当の部署と一緒に事業を企画し、投資計画を立てて、そのための資金を調達します。経理は、決められた会計原則に従って事業活動の結果を計算書類（決算書、財務諸表）にまとめます。予算と実績対比などの境界領域をはさみ、財務は将来の企業活動に焦点があり、経理は実績の開示に焦点があるといえます。財務活動の基本は次の3つの柱から

なっています。
① 事業投資の選別と資金配分（Investment）
・戦略性と収益性とリスクに基づく投資の順位付け（Capital Budgeting）
② 資金調達（Financing）
・資本構成（Capital Structure）の適正化
・資本コスト（Cost of Capital）、すなわち投資家の期待リターンの管理
・資本市場（債権者、株主）との対話
・流動性の確保（キャッシュ・マネジメント）
③ 財務活動を支える組織づくり（Organization）
・執行組織の整備
・適正手続（Due Process）の確保

(2) 財務活動の具体的内容は何ですか

　財務活動を資金の流れに沿って整理すると、図1－3のようになります。

(3) 財務戦略とはどういうものですか

　こうした活動の大きな方針（基本方針）を示すものが財務戦略です。

図1－3　財務活動の基本

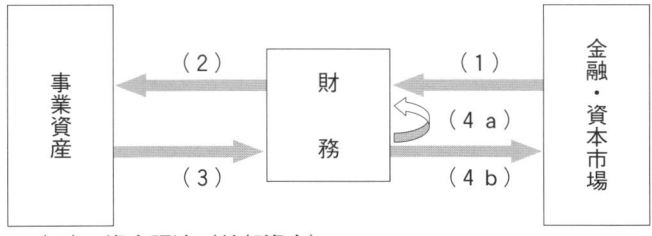

（1）　資金調達（外部資金）
（2）　事業投資（内部＋外部資金）
（3）　事業からの収益（キャッシュフロー）（内部資金）
（4 a）　再投資（内部資金）
（4 b）　投資家（債権者、株主）への返済・利子・配当等

その検討にあたっては経営戦略と整合的で、かつ企業価値の成長を促すような財務戦略を構築することが肝要です。言葉をかえれば、ビジネスモデル（補足解説1-2）に適合する最適資本構成（後述）を目指して、キャッシュフロー経営を図ることが基本となります。すなわち会計上の利益（Earnings）よりも経済的利益（Economic Income）を優先することとリスク管理を徹底することです。

その際重要な判断の1つは、内部資金と外部資金にどのように頼るかというところです。この判断のポイントとなるトレードオフは大きく2つあります。

　a　資本構成をめぐるトレードオフ

外部資金に頼るということは、増資（株式によるファイナンス）の場合を除き、負債比率（レバレッジ）が高くなることを意味します。これは事業が安定した成長期にあるときには、レバレッジ効果（補足解説3-1）によってより高いリターンを株主にもたらすことになるという大きな効果があります。内部資金だけでは得ることができない成長の果実を得ることができます。ところがレバレッジが高くなるということは、倒産リスクが高くなることも意味しています。不安定な事業環境では、むしろ内部資金に頼って保守的な経営をすることが重要です。

増資をすればレバレッジは下がり、財務の柔軟性が高くなりますが、一方で株数がふえるために利益の希薄化が起こる可能性が高くなります（補足解説2-1参照）。

　b　判断と実行のプロセスをめぐるトレードオフ

内部資金と外部資金では、調達・使途に関する意思決定のプロセスが違います。

内部資金の代表例は、営業キャッシュフローです。この資金の使途に関しては経営陣の自由度が最も高いといえます。営業キャッシュフローの範囲内で投資キャッシュフローをまかなうことができれば、外部資金

に頼る必要はなく、判断も実行も迅速にできます。ただし内部資金（内部留保）といえども実質は株主資本の一部であり、経営者はその使途や投資計画に関して株主に説明する義務があることはいうまでもありません。

一方、銀行借入れや資本市場からの資金調達については、外部資金の供給者（投資家）との関係構築から始め、多くの手続が必要になります。投資家（株主、銀行、債権者）は事業計画等に対する詳細な資料、説明を要求するのが通例だからです。これは経営者にとっては手間のかかる面倒なものでもありますが、「市場の規律」を通して経営の健全性を維持するための重要な手続であるともいえます。

⑷　最適資本構成とは何ですか

最適資本構成とは、企業活動を持続・成長させていくために最適と考えられる資本構成のことです。一般的には、短期資金・長期資金（借入れ、株式）の組合せ（デット・エクイティ・レシオまたはレバレッジ・レシオ）のことを指します。また上記の内部資金と外部資金の選択もその議論の一部です。

すべての企業にとって唯一の最適資本構成があるわけではありません。業種の特性や企業のライフサイクルの段階などによって異なります。財務戦略の要であり、次の各要素（FRICT：フリクトと読みます）を企業にとっての経営環境（同業他社の状況も含む）をふまえて総合的に検討し、最適な資本構成を考慮することが求められます。

・Flexibility（財務の柔軟性）：借入余力、「信用格付」で表される財務体力（リスク吸収力）、デット・エクイティ・レシオなどで表される望ましいレバレッジ効果の程度。リスクの少ない安定的な業種では、財務の柔軟性は小さくても許容される
・Risk（リスク）：市場、技術開発、営業等のさまざまなリスク評価。業種固有（または企業固有）の不確実性が高ければ、クッションとして

の株主資本が必要
- Income（利益）：事業の収益性、資本コストを含む経済性、一株利益などの収益力・成長力の評価。安定的に成長が見込まれるような場合は、積極的にレバレッジを使って株式価値を高めて後に増資をするのが望ましい。一方シクリカルな変動の大きい業種では、レバレッジ比率が高くなるのは危険である
- Control（支配権）：特定株主の支配力が問題になる場合は、調達手段の選択に制約が加わる。オーナー系の企業やM&Aのときには、この支配力をめぐる議論が重要となる
- Timing（タイミング）：資金調達時点の市場環境に照らして、よりよい資金調達手段を選択すること。事業のライフサイクル、金利動向や株式市場の状況によって有利な手段とその手順が変わる

　最適資本構成は、企業の事業の性格（成長性、ライフサイクル、リスク）、収益性、格付、競争相手の状況、金融資本市場の動向等によって左右され、すべての企業に共通の最適（あるいは最善）の資本構成はありません。時折、無借金経営がいちばん望ましいとの議論がありますが、必ずしもそうではありません。たとえば独占的な公益企業の場合、総括原価方式でコストが料金設定に反映でき、事業リスクも小さいので、むしろ資本コストを下げるために借入比率はある程度高いほうがよいとされます。一方、起業したてのベンチャー企業はなるべく借入れに頼らないほうがよいでしょう。

(5)　資金調達手段の選択には、何を考慮すべきですか

　「資金調達」は、必要な資金を外部から調達してくることだけでなく、内部資金とそれらの使途も含めて、現実の資本構成を最適資本構成に近づけるための全活動のことを意味します。その際、調達手段の選択において考慮すべき重要な要素としては、フリクト以外に次のようなものがあります。

① 資金使途（運転資金または設備資金）
　（例）
　　・金額
　　・期間
　　・資金コスト（金利等）
② 資金源（銀行、市場；国内、国外）の性格
　（例）
　　・担保、その他の付帯条件（法的義務と証券設計）が異なる
　　・投資家としてのビヘイビアの違い
③ 調達手段固有のリスク
　（例）
　　・短期の借入れは「期限の利益」が小さいので、事業環境や金融市場の変動があった場合に借替えがむずかしくなる（流動性リスク）
　　・転換価格修正条項付転換社債の場合、極端な希薄化が生ずる可能性がある。
④ 金融・資本市場の環境
　　・市場動向とタイミング（補足解説4－1参照）

第 2 章

上場（IPO）とM&A
―Bファッション・ボード株式会社―

Ⅰ 上場（IPO）準備

　Bさんは、約10年前にBファッション・ボード株式会社（以下、「B社」）を親しい友人（Cさん）と一緒に起業しました。企業理念として、ファッション情報をインターネットで提供する会員参加型の場（プラットホーム）を提供し、人々が毎日の「衣」（ファッション・コーディネーション）を楽しみにできるようなサービスを提供する会社を掲げています。さいわいこの企業理念が世の中のニーズを先取りし、「衣」の分野のSNS（ソーシャル・ネットワーク・サービス）として確固たる地位を確立しつつあります。一般会員は、無料でプラットホームにアクセスし、そこに紹介されているさまざまなファッション情報を閲覧できるだけでなく、自分の着こなし写真などをアップロードすることもできます。一方、衣料品会社やデザイナー・ブランド等は、ファッションに敏感な会員向けの広告・マーケティング活動の場としてB社のサイトを高く評価しています。投資家からも、低コスト・高マージン、高成長のベンチャー企業として熱い視線を浴びています（表2－1参照）。

　Bさんは代表取締役としてB社のさらなる発展を目指し、B社をいずれ上場し、広く機関投資家や一般投資家からの出資も仰ぎたいと考えています。Cさんも上場には全面的に賛同しています。初期の成功を結晶化させキャピタルゲインを得るだけでなく、今後とも成長を持続させるための資金調達を含め、新たな成長戦略を描くためのステップにしたいのです。すでに2年前からN証券の企業公開部がBさんに積極的にアプローチし、上場に至る過程について詳しく説明してくれています。これまで上場準備の一環で、表2－

表2-1　主要な財務指標　　　（単位：百万円）

	9期 2008-3	10期 2009-3	11期 2010-3
売上高	300	650	1,100
経常利益	110	300	400
純利益	60	170	240
資本金	37	62	62
株数（千株）	10.12	10.22	1022.0
総資産	230	550	800
純資産	129	349	589
ROE	47%	49%	41%
EPS（円/株）	5,929	16,634	235
営業CF	80	200	170
投資CF	(25)	(110)	(40)
財務CF	24	50	0
現金残	124	264	394
従業員（人）	15	30	50
売上げ／従業員	20.0	21.7	22.0

表2-2　株式分割と第三者割当増資

株式分割	2008-2	2010-3
第9期（2月）	1：20	
第11期（期末）		1：100

第三者割当増資（期末）	2008-3	2009-3
発行価格（千円）	200	500
資本組入れ（千円）	100	250
株数	120	100
割当先	従業員	銀行、証券会社
PER（対当期実績）	33.7	30.1

2のように第9期（2007年度）以降、株式分割と第三者割当増資をやってきました。また表2-3のように従業員に対して新株予約権（ストックオプ

ション)を付与しました。(補足解説2－1参照)。

　現在、法令で求められることなどをはじめ、事務的なことはあまり心配ではありません。ただ、これまではCさんと2人で会社の株式を100％所有し、重要事項は何でもこの2人で決めてきたことを思うと、新しい株主が入ってくることに不安がないわけではありません。また株式市場の社会的意義についても少し疑問があります。一方で儲かる投資家があれば他方に損する投資家がいるわけで、そもそもゼロサムゲームなのではないかという気がしているからです。そうした市場のなかでいったいどのように会社が評価され、株価が決められるのか興味深く感じつつ、心配でもあります。一度N証

表2－3　新株予約権の付与(2008年3月)およびその後の行使状況 (注)

新株予約権	9期 2008－3	10期 2009－3	11期 2010－3
行使価格(円)	200,000	200,000	2,000
潜在株式数(残)	200	200	20,000
行使株数	—	—	—
資本組入額(円)	—	—	—

(注)　第11期は、株式分割(1：100)により行使価格が1／100、潜在株式数(残)が100倍になった。

表2－4　株式数の推移、資本金の推移

(単位：株、百万円)

	9期 2008－3	10期 2009－3	11期予算 2010－3
株式数増	9,620	100	1,011,780
株式数残	10,120	10,220	1,022,000
資本金増	12.0	25.0	0.0
資本金残	37.0	62.0	62.0
資本準備金増	12.0	25.0	0.0
資本準備金残	12.0	37.0	37.0
利益剰余金	80.0	250.0	490.0
純資産	129.0	349.0	589.0

券とは別に、この分野に詳しい専門家にアドバイスを受けようかと思い、大学時代の先輩で現在はＫ大学のファイナンスの教授になった財部信孝氏に連絡をとりました。また、これまでの財務諸表の一部を用意し（表2－1～2－4参照）、下記の質問を用意しました。

質　問

(1) 上場にはどんなメリットとデメリットがありますか。そもそも株式市場の社会的意義はどんなところにあるのですか
(2) 上場に至るまで、どのような増資や株式分割を計画すべきでしょうか
(3) だれから出資を受け入れるべきでしょうか
(4) 株価の評価はどういう方法でなされるのでしょうか
(5) 出資比率（特にＢ氏、Ｃ氏の持分）については、どのように考えるべきでしょうか
(6) 上場のタイミングを決める要素には、どんなものがありますか
(7) 経営陣、重要な従業員に対する新株予約権（ストックオプション）付与については、どのように考えるべきでしょうか
(8) 株主政策（株主構成、配当政策、IR方針等）については、どのように考えるべきでしょうか

＜補足解説2－1　株式による資金調達（増資）[11]＞

(1) 株式とは何ですか

　株式とは、株式会社における社員権（出資権）のことです。均一的な構成単位からなり、少額の出資を多数の出資者から募ることができま

11　参考：『増資・減資の実務　完全解説』太田達也著（税務研究会出版局刊）

す。株式の発行は、社員の募集と資金調達の2つの性質をもっています。

かつては前者の性質を重視して、株主総会決議が必要とされていましたが、現在では後者の性質を重視し、原則として取締役会決議で発行が可能になっています。

(2) 増資の種類

　a　株主割当増資

・既存の株主に対してその所有株式数に応じて新株引受権を付与します。時価よりも低い払込金額を定めて行われることが少なくありませんが、新株引受権が平等に付与されるので株式価値の希薄化による経済的損失はありません

　b　第三者割当増資

・株主に割当てを受ける権利を与えないで、募集株式の申込者に対して会社が割当ての決定をして株式を発行します

　c　公募増資

・一般募集により、だれでも募集株式の申込みができます。発行価格は市場価格を基準に決められます

　d　現物出資

・金銭以外の財産による出資であり、有価証券、債権、動産、不動産などが対象となります

　e　無償増資（剰余金を資本金に組入れ）

・剰余金の資本組入れや準備金の資本組入れ（株主資本のなかでの振替え）です

(3) 増資の活用

増資は、資本金をふやすことですが、その目的としては資金調達、会社再編、企業提携があげられます。

(4) 新株予約権とその活用

　新株予約権とは、株式会社に対して行使することにより、同社の株式の交付を受けることができる権利です（会社法2条）。ワラントとも呼ばれます。

　活用方法としては、下記があります。

① ストックオプション
② 提携
③ 資金調達（ライツオファリング）
④ 買占め防衛
⑤ MBO
⑥ IPO前の資本政策

(5) 参考：有価証券上場規程（東証マザーズ形式要件のうち主要なもの）

　a　株主数（上場時見込）

・300人以上（上場時までに500単位以上の公募を行うこと）

　b　流通株式（上場時見込）

　　① 流通株式数　2,000単位以上
　　② 流通株式時価総額　5億円以上
　　③ 流通株式数（比率）　上場株券等の25%以上

　c　時価総額（上場時見込）

・10億円以上

　d　事業継続年数

・新規上場申請日から起算して、1年前以前から取締役会を設置して継続的に事業活動をしていること

回答

(1) 上場にはどんなメリットとデメリットがありますか。そもそも株式市場

の社会的意義はどんなところにあるのですか
- ●会社が上場されるということは、会社が特定個人（または団体）の私的所有物ではなくなり、広く一般の投資家（個人および機関投資家）が所有し、その持分（出資権）である株式が証券取引所で売買できる（流動性、換金性をもつ）ようになるということ
- ●その意味で「資本主義社会の公器」になるともいえる。したがって経営情報の正確でタイムリーな開示が求められる等、法令等の求める義務も大きくなりコストもかかるが、認知度、信用力をはじめ社会における地位（ステータス）は大きく向上する
- ●また新株を発行すること（増資）で、新たな資本金を調達することができる

表2－5　上場のメリットとデメリット

メリット	デメリット
・上場会社として、社会の認知度、信用力が向上することで、営業力が増し、人材確保も容易になる ・内部管理体制が充実するので、不正や誤謬を防ぐことができる ・株式が流動性、換金性をもつ ・新株を発行して、資本金を増強することができる ・創業者をはじめ、上場前からの出資者に上場に伴うキャピタルゲインの機会を与える ・投資家との対話を通して市場の規律が働くので、経営の透明性が高まり質が向上する ・従業員にも持株会やストックオプションなどにより資産形成の機会を与え、士気を高めることができる	・上場準備のために大きな手間とコストがかかるうえに、上場後も維持費用がかかる ・経営情報の正確でタイムリーな開示が求められるので管理コストや手間がかかるだけでなく、業績に対するプレッシャーも大きくなる ・創業者や経営陣からみて好ましくない投資家も排除することができない ・創業者の持分は薄まることになり、買収の標的になることもありうる ・上場後はより大きな社会的責任を求められる ・株主代表訴訟等の法的リスクが高まる

- 一方、いったん上場すれば不特定多数の株主を受け入れることにもなり、場合によっては経営陣からみて好ましからざる株主からさまざまな要求を受けることにもなる
- しかしこれは、見方を変えれば「市場の規律」が働くプロセスでもあるので一概によくないとはいえない
- また上場前からの出資者にとっては、自分の株式持分に株価（市場価値）がつき、いつでも換金して投資の果実を得ることができるようになる重要なステップである
- 株式市場の社会的な意義と役割については、添付資料に学生との対話を示しているので参考にされたい（補足解説2－2参照）。資本という経営資源を配分する機能に加え、さまざまな事業リスクの分担、市場からのメッセージ発信、インセンティブ問題の解決など、現在の資本主義経済にとって不可欠の役割を果たしている

(2) 上場に至るまで、どのような増資や株式分割を計画すべきでしょうか
- 上場に至るには、主幹事証券会社の引受審査と証券取引所の上場審査をクリアすることが必要
- 審査の柱には、上場候補会社に企業としての経済的実質（事業の実績・内容と今後の計画に信頼・信用に足る実質）が備わっているか、およびガバナンスが機能する組織体制が備わっているか等を審査する実質基準だけでなく、株式数、株主数等の形式的基準も含まれる（補足解説2－1参照）
- したがって上場を計画する際は、事前に増資して資本金（株主資本）を増強し、あるいは第三者割当増資や株式分割などにより株式数、株主数を計画的にふやしていくことが重要となる

(3) だれから出資を受け入れるべきでしょうか
- 当初は、B社にとって重要な役員・社員に出資の機会を与えるべき
- 次いで、業務上付合いのある銀行や主幹事証券会社などの金融機関

- さらには、業務上重要な取引関係にある個人や事業法人
- ベンチャー・キャピタルも資金源の1つであるが、彼らは純粋にファイナンシャル・リターンだけでビジネスの採算を立てなければならないので、要求する条件は厳しくなる

(4) 株価の評価はどういう方法でなされるのでしょうか
- 理論的には、将来の事業計画をベースにして、将来に期待されるキャッシュフローを現在価値に割り戻して評価するDCF法（Discount Cash Flow Method）が最も優れているとされる（補足解説1－5参照）。しかし、前提条件のなかには、その些細な変化に対する株価の変動（センシティビティ）が大きいものがあるので、恣意性を避けるために他の方法を併用することが一般的である
- 他の方法としては、類似会社を複数特定し、PER、PBR、EBITDA倍率等のマルティプル（倍率）を比較して評価することが多い（補足解説2－3参照）
- 上場時の売出価格は、上記のような方法で評価される株式価値から20～

表2－6　株主の権利・義務

持　　分	権利・義務
3分の2以上	株主総会における特別決議が可能になり、取締役を解任できる。営業の全部または一部の譲渡等、定款変更、減資、解散、合併等も決議できる
2分の1超	株主総会における普通決議が可能になり、経営権を取得できる。新たな取締役の選任もできる
3分の1超	株主総会における特別決議を阻止することができる（拒否権）
10％以上	会社解散請求権
5％超	金融商品取引法上の大量保有報告義務
3％以上	株主総会招集請求権・会計帳簿閲覧権
1％以上	株主提案権

30％割り引いて（IPOディスカウント）設定されることが多い

(5) 出資比率（特にＢ氏、Ｃ氏の持分）については、どのように考えるべきでしょうか
- 株主は、その持分比率に応じて段階的に決められるさまざまな権利・義務を有する（表２－６参照）
- Ｂ、Ｃ氏は現在２人合わせて97.8％の株式を保有している。これは３分の２以上であり、定款変更や合併決議など会社の今後の重大な決定を他の株主の意向にかかわらず２人だけで決めることができる（支配力がある）ということ
- 当面は（IPO後も）、３分の２以上を維持することが望ましい

(6) 上場のタイミングを決める要素には、どんなものがありますか
- 会社の業績、特に純利益が黒字基調になっていること
- 株式市場の状況が活況または平穏であれば申し分ないが、市場に波乱が生じているような時期は避けるべき

(7) 経営陣、重要な従業員に対する新株予約権（ストックオプション）付与については、どのように考えるべきでしょうか
- ストックオプションは、会社の業績を映す株価が上昇すれば大きな経済的利益をもたらすことになるので、勤労のインセンティブを高め、会社に対する忠誠心を強化する

(8) 株主政策（株主構成、配当政策、IR方針等）については、どのように考えるべきでしょうか
- 株主の信任を得るために努力し、その期待に応える諸施策を実行することが、経営陣にとって最も優先度の高い課題の１つである
- 持続的な成長を果たし、その成果を株価の上昇や配当によって一般株主に還元するとともに、IR活動を通して経営情報を積極的に開示し、企業の透明性を高めて「株主価値」の向上に努めるべきである
- 配当については、成長の初期段階にあるので、当面無配当でも株主の理

解が得られると思われる。ただし手元現金が潤沢である現状に対して、新たな投資計画などが示されないならば、いずれ株主から配当、自社株買いなどの株主への利益還元策を求める声が出てくるであろう
- B社の株主構成をみると、Bさん、Cさんが現在3分の2以上を保有し、支配力をもっているので、敵対的な投資家が買収を仕掛けてくることは考えられない
- 取引のある金融機関や取引先を友好的な株主として迎えることは、将来増資などを経て一般株主の持分が大きくなる事態を想定すると経営の安定化に寄与するものと考えられる
- 一方、特に国内外の機関投資家は、プロの投資家としてしばしば厳しい質問や批判を投げかけてくるので経営陣の負担になることもあるが、これを市場の規律と受け止め真摯に対応することが重要である

Bさん「上場するということは、企業が自分たちの個人資産でなくなるということですね」

財部教授「そうです。他の株主からの資産を預かって経営するわけですから、会社の実質が伴っていることと、企業の価値を守り育てるという経営者の責任感が大事です。そのため上場にはさまざまな基準をクリアすることが求められるんです」

Bさん「なるほど……。最初の出資者として社員にお願いすることも、理にかなっています。会社に対する彼らの貢献に報いるためにも、企業価値を成長させていきます。そのためには株価がどのように評価されるのか理解することが必要ですよね。もっと勉強しなきゃ……」

財部教授「そうそう、上場会社の社長さんらしくなってきました（笑）。ただプロの投資家は厳しいですよ。彼らの考え方を理解してはじめて有意義な対話ができるようになります。頑張ってください！」

〈補足解説2－2　株式市場をめぐる学生との対話〉

学　　生「株式市場における運用という場面では、だれかが株価をつり上げて、高値で売り抜けて儲けるといった事例が散見されます。一時、村上ファンドが大量保有報告書を発表して株価をつり上げたという話です。これではWin－Loseの関係しか成り立たないのではないですか。そのため一抹のむなしさを感じます。株式運用という現場にどのような社会的意義があるのでしょうか」

財部教授「大変まっとうな質問です。僕も若い頃は、株式市場では儲かる人がいる分だけ損している人がいるわけで、国民経済的にはなんのプラスにもなっていないんじゃないかと思っていました。ギャンブルと同じゼロサムゲームだというわけです。

　しかし株式市場はギャンブルとは異なった機能をもっていて、プラスサムゲームになると思うようになりました。たとえ市場が完全に効率的ではないとしても、

① 資本という経営資源をより有利と思われる事業機会に配分する

② 上場によって、オーナーが独占している所有権と利益を小口に分割し、不特定多数の投資家とシェアする。逆にいうと、小口に分けて多数の投資家から投資を募ることによって、少数の投資家ではできないような大規模の投資を行うことが可能になる

③ 株式というパーマネントキャピタル（元本返済不要）があることで、他の資本（借入れ、社債等）との間で、さまざまな事業リスクの配分が可能になる

④ 日々の金利や株価の動向が市場からのメッセージとして発信

　　　　され、他の経済主体のさまざまな意思決定に重要な判断材料を提供する

　⑤　インセンティブ問題の解決。情報の非対称性が存在している場合、またはある人が他人の代理人として行動する際のインセンティブに関する問題（利害の対立）解決に寄与する。スペキュレーションを避けるためには情報開示が大事である。しかし情報の非対称性は完全にはなくならない。そこで、たとえばエクイティ・キッカーを使った仕組み（転換社債、新株予約権等）を使えば経営者の行動を投資家の利害と整合的にすることができるので、リスク移転だけでなくインセンティブ問題への解決策を提供することができる[12]

といったメリットをもっています。

　いろいろな人々が、それぞれの思惑で自分中心に利益を最大化しようとして努力しているわけですが、大局的にはいわゆる「神の見えざる手」が働いて、資源の最適配分（あるいはベターな配分）に寄与していると考えたいですね」

学　　生「ご回答ありがとうございました。私が近視眼的になりすぎていたかなと思いました。たしかに、株式市場そのものには大きなメリットが存在し、国民経済を支え、より豊かなものにするシステムですね。しかし他方で問題があることも事実ですし、そのシステムは人為的なものなので、その安定的な維持管理には、公認会計士監査や証券取引等監視委員会、さまざまな法的規制等がどうしても必要になるものだとも思いました。そこになんらかの失敗があると、市場そのも

12　インセンティブ問題は、契約の関係者がお互いを監視したりコントロールすることが困難な場合に発生する利害の対立である。具体的にはモラルハザード、逆選択、プリンシパル・エージェント問題がある。たとえば経営者の報酬が企業の株価にリンクしていれば、株主と経営者の利害は一致する。また、エクイティ・キッカーは株主の利益の一部を債権者にも与えることで、双方の間の利害対立を緩和することができる。

のの健全性を損ねかねないですよね。
　株式市場をどのようなスタンスでとらえるべきか、これからも懐疑的な見方を忘れずにじっくり考えていきたいと思います」

II 上場（IPO）

　B社は、設立後11年余を経て、第12期（2010年7月）に無事上場しました。特に第8期以降は業績が好調で、この間N証券に勧められるままに2回の株式分割、2回の第三者割引増資を行い、第11期末（2010年3月）には、B社の純資産（株主資本）が6億円近くまで成長しました。また上場時の増資により、純資産は20億円を超えました（表2－7、2－8参照）。

```
〈有償一般募集（IPO）の概要〉
　　上　　場　　日：2010年7月X日
　　新 株 発 行 数：150,000株
　　売 出 株 数13：60,000株
　　募集・売出価格：9,600円／株
　　引 受 価 格：9,000円／株
　　主幹事証券会社：N証券会社
```

　上場後の株価の推移も順調で、2010年12月には株価は1万8,000円になりました。この時、2008年3月に従業員に付与した新株予約権（ストックオプション）が行使され、従業員の資産形成にも大きな貢献ができました。
　Bさんは、この間の苦労を思い出しつつ、会社設立以来会社の価値がいかほどふえたのか、また自分やCさんにとって投資のリターンはいくらになるのか、上場前から第三者割当増資に応じてくれた従業員や金融機関にとって、投資のリターンはいくらになるのか、どのように分析するか、考えてい

13　売出しとは、既発の株式を証券会社を通じて不特定多数の一般投資家に取得させることをいう。この場合はBさん、Cさんが自分の持株をIPOのタイミングで売却した。

表2-7　B社のIPO

(単位：百万円)

	11期 2010-3	IPO 2010-7	新株予約権行使 2010-12	12期予算 2011-3
売上高	1,100	n.a.	n.a.	2,200
経常利益	400	n.a.	n.a.	1,000
純利益	240	n.a.	n.a.	550
資本金	62	782	787	787
株数（千株）	1,022.0	1,172.0	1,177.0	3,531.0
総資産	800	2,240	2,250	3,300
純資産	589	2,029	2,039	2,589
ROE	41%	n.a.	n.a.	21%
EPS（円／株）	235	n.a.	n.a.	156
営業CF	170	0	0	800
投資CF	(40)	0	0	(120)
財務CF	0	1,440	10	0
現金残	394	1,834	1,844	2,524
従業員（人）	50	n.a.	n.a.	70
売上げ／従業員	22.0			31.4

	2010-3	2010-7	2010-12	2011-3
株式分割（倍）				
第9期（2月）				
第11期（期末）	100			
第12期（期末）				3
有償一般募集（IPO）				
新株発行数		150,000		
発行価格（円）		9,600.0		
引受価格（円）		9,000.0		
資本組入れ（円）		4,800.0		
PER（vs 11期実績）		40.9		
PER（vs 12期予算）		20.5		
新株予約権	（残）		（行使）	（残）
行使価格（円）	2,000		2,000	667
潜在株式数（残）	20,000		15,000	45,000
行使株数	—		5,000	0
資本組入額（円）	—		1,000	0

表2-8　株式数の推移、資本金の推移

(単位：百万円)

	11期	IPO	新株予約権行使	12期予算
株式数増	1,011,780	150,000	5,000	2,354,000
株式数残	1,022,000	1,172,000	1,177,000	3,531,000
資本金増	0.0	720.0	5.0	0.0
資本金残	62.0	782.0	787.0	787.0
資本準備金増	0.0	720.0	5.0	0.0
資本準備金残	37.0	757.0	762.0	762.0
利益剰余金	490.0	490.0	490.0	1,040.0
純資産	589.0	2,029.0	2,039.0	2,589.0

表2-9 投資家利回り等の分析

	8期	9期	10期	11期	IPO	新株予約権行使	12期予算
B氏 持株売却	0	0	0	0	30,000	0	0
B氏 持株残	250	5,000	5,000	500,000	470,000	470,000	1,410,000
B氏 持株%	50.0%	49.4%	48.9%	48.9%	40.1%	39.9%	39.9%
B氏 持株売却額（千円）					270,000		
起業時投資額倍率					360		
IRR（%　p.a.）					68.7%		
第三者割当分利回り							
株数（従業員）		120	120	12,000	12,000		
キャッシュフロー（百万円）		(24)	0	0	108		
IRR（%　p.a.）					90.5%		
株数（金融機関）			100	10,000	10,000		
キャッシュフロー（百万円）			(50)	0	90		
IRR（%　p.a.）					55.4%		
上場後の株価推移とPER					株式分割前	株式分割前	株式分割後
株価					9,600	18,000	8,000
PER（vs 11期実績）					40.9	76.7	102.2
PER（vs 12期予算）					20.5	38.5	51.4
新株引受権行使（当初1株当り）							
行使価格		200,000	200,000	2,000	n.a.	2,000	
株式売却価格		n.a.	n.a.	n.a.	n.a.	18,000	
株式数		1	1	100	n.a.	100	
所得（円）						1,600,000	
株式時価総額（百万円）				11,251		21,186	28,248

ます（表2－9参照）。

　また上場後の株価の推移も堅調なので、同年度末（2011年3月）に再度株式分割をすることをＮ証券から提案されました。ホリエモン事件[14]の際に株式分割が問題視されたこともあり、どうしたらいいか思いめぐらしています。やはりもう一度、財部教授に相談してアドバイスをもらうことにしました。

質　問

(1)　Ｂさん、Ｃさんにとって、起業時に出資した投資額（5万円／株）は、IPO時の売出時点（引受金額で売却と仮定）で何倍に成長したことになりますか。この場合、投資のリターンすなわち内部収益率（IRR）はいくらですか

(2)　第9期に第三者割当増資を引き受けた従業員は、IPO時にこの株式を売り出した場合、投資のリターン（IRR）はいくらになりますか

(3)　第10期に第三者割当増資を引き受けた金融機関は、IPO時にこの株式を売り出した場合、投資のリターン（IRR）はいくらになりますか

(4)　第9期に新株予約権（1株）を付与された従業員は、IPO後の行使期間中にこの権利を行使し株式を売却した場合、所得（株価－行使価格）はいくらになりますか

(5)　上場後に株式分割を行うことの意義は何ですか

---

[14]　別名ライブドア事件。2004年9月期年度の決算報告として提出された有価証券報告書に虚偽の内容を掲載したとする疑いがもたれるなど証券取引法等に違反したとされる罪で、法人としてのライブドアとライブドアマーケティングおよび同社の当時の取締役らが起訴された事件である。大胆な株式分割を繰り返し、同社の株価を操作したともいわれていた。

回　答

(1) Bさん、Cさんにとって、起業時に出資した投資額（5万円／株）は、IPO時の売出時点（引受金額で売却と仮定）で何倍に成長したことになりますか。この場合、投資のリターンすなわち内部収益率（IRR）はいくらですか

- 第1期の期首（1999年4月）に1株5万円で出資した株式は、二度の株式分割（第9期1：20、第11期1：100）を経て、IPO時点（2010年7月）では1株が2,000株になっている（その結果、Bさんの持分は50万株）。
- 引受金額（9,000円／株）で売却すれば18百万円、この間（11年3ヵ月）に360倍に成長した
- 内部収益率は、年率68.7％になる（表2－9参照）
  計算式：$IRR = 360^{\frac{1}{11.25}} - 1 = 1.687 - 1 = 68.7\%$

(2) 第9期に第三者割当増資を引き受けた従業員は、IPO時にこの株式を売り出した場合、投資のリターン（IRR）はいくらになりますか

- 第9期（2008年3月）に一株20万円で増資を引き受けた従業員の株数は、IPO時点（2010年7月）では1株が100株になっている（その結果、従業員の持分は1万2,000株）。
- 引受金額（9,000円／株）で売却すれば90万円、この間（2年4ヵ月）に4.5倍に成長した
- 内部収益率は、年率90.5％になる（表2－9参照）
  計算式：$IRR = 4.5^{\frac{1}{2.333}} - 1 = 1.905 - 1 = 90.5\%$

(3) 第10期に第三者割当増資を引き受けた金融機関は、IPO時にこの株式を売り出した場合、投資のリターン（IRR）はいくらになりますか

- 第10期（2009年3月）に1株50万円で増資を引き受けた金融機関の株数は、IPO時点（2010年7月）では1株が100株になっている（その結果、金融機関の持分は1万株）。

- 引受金額（9,000円／株）で売却すれば90万円、この間（1年4カ月）に1.8倍に成長した
- 内部収益率は、年率55.4％になる（表2－9参照）

(4) 第9期に新株予約権（1株）を付与された従業員は、IPO後の行使期間中にこの権利を行使し株式を売却した場合、所得（株価－行使価格）はいくらになりますか
- 第9期（2008年3月）に行使価格20万円／株で付与された新株予約権は、第11期（2010年3月）の株式分割（1：100）を経て行使価格2,000円、100株になっている
- 行使期間（2010年12月）の売却価格が1万8,000円／株であったとすると、100株の権利行使後の所得は（18,000－2,000）×100＝1,600,000円（160万円）となる（表2－9参照）

(5) 上場後に株式分割を行うことの意義は何ですか
- 株式分割とは、資本金を変えないで1株を細かく分割すること（以前は、無償増資、株式配当とも呼ばれていた）。株価が高騰した場合には、市場の取引単位（単元株）当りの取引額が高価になり、取引高が低迷することがある。こういう場合、株式の流通量を増加させる目的で利用される。新株発行の一種である。
- 従来の株数を1とした比率で表され、たとえば「1：3」の場合、1株に対して2株が無償で、基準日に株主名簿に記載された株主に対し付与されることになる。持株数は3倍になるが、（理論的には）株価は3分の1になるので、資産の総額（時価総額）自体は変わらず、またすべての株主の持株数が均等に増加するので持分比率の変動もない
- ただし無償で付与されるタイミングは株式分割の効力発行日より遅れるので、この期間内には需給関係を反映して株価が理論どおりには動かない（乱高下する）ことがある

財部教授「上場、おめでとうございます！」

Ｂさん「ありがとうございます。関係者の皆様のご努力で、無事上場できました。さいわい上場後の株価推移も順調で、社員も大喜びです」

財部教授「よかったですね。でもこれからが上場企業の経営者としての力量が試されることになります」

Ｂさん「わかっています。責任感をひしひしと感じています。アップル創業者のスティーブ・ジョブズ氏は、毎朝鏡のなかの自分に〈もし今日死ぬことになったとしても、今日やろうとしていることは自分がやりたいことか？〉と問うた[15]と聞きます。僕も同じ気持ちで頑張ります」

財部教授「ところで株式分割はどうしますか？」

Ｂさん「はい、株式分割することにしました。株価の上昇のピッチが早いので、多くの投資家に買ってもらうためには、１株の価格が低いほうがいいと思いました。ただ株価操作の疑いをもたれることのないように気をつけます」

財部教授「いいですね。その気持ちが大切ですよ。〈初心、忘れるべからず〉です！」

---

15 "When I was 17, I read a quote that went something like: "If you live each day as if it was your last, someday you'll most certainly be right." It made an impression on me, and since then, for the past 33 years, I have looked in the mirror every morning and asked myself: "If today were the last day of my life, would I want to do what I am about to do today?" And whenever the answer has been "No" for too many days in a row, I know I need to change something." (*the Commencement address delivered at Stanford University by Steve Jobs, CEO of Apple Computer and of Pixar Animation Studios, on June 12, 2005*)

III M&A（合併・買収）の検討

　B社は、第12期に無事上場しました。あわせて新株を発行し公募増資したので手元資金も潤沢です。上場後は、さまざまな投資家や金融機関と議論をする機会もふえました。なかでも手元資金を有効に使い、本業をさらに強化するためにという名目でM&Aの提案を受けることが多くなってきました。同業他社のなかには、たしかに魅力的な事業を行っているところがあります。ただBさんは、企業そのものを売買の対象としてみることに、多少の違和感を感じています。また過去の事例をみても、必ずしもすべてのM&Aがうまくいっているわけではないこともわかっています。今後の成長戦略を立てるためにも、M&Aに対する姿勢、方針を決めたいと思っています。あらためて財部教授に相談に行くことにしました。

質問

(1) M&Aは本業の強化に役立つでしょうか
(2) M&A成功の要因は何でしょうか
(3) 失敗の要因は何でしょうか
(4) 支払の対価（現金、株等）として、何を選択するのがいいでしょうか
(5) M&Aの資金調達はどのように考えるべきでしょうか
(6) 典型的なM&Aのプロセスは、どのようなものですか
(7) TOBとは何ですか
(8) 合併・買収後の経営統合をどのように進めるべきですか
(9) 敵対的な買収とは、どのようなものですか

回　答

(1) M&Aは本業の強化に役立つでしょうか

- M&Aは、英語のMergers and Acquisitionsの略。企業の合併や買収などの法的手段を用いて展開される企業戦略の総称
- M&Aは、買い手（Buy side）の立場からみると内的成長（Internal Growth）に比べ事業規模を急速に拡大することができ、事業戦略・競争戦略としておおいに有効であり、本業の強化に役立ちうる方策。売り手（Sell side）にとっても、事業の選択や集中を進めるために競争力に劣る部門を売却するなど、企業戦略の遂行にとって不可欠
- ただし買い手の本業強化に役立つためには、M&Aによって統合される会社またはその事業から、統合によるシナジーが生まれることが必須要件（つまり企業価値で1＋1が2より大きくなること）。シナジーには、規模の拡大によるさまざまなスケールメリット、重複コストの削減、その他の効率化などが含まれる
- 買い手が被買収企業（売り手）の単体としての価値を上回る買収価格（市場価値＋プレミアム）を提示してでも支配権を得ようとするのは、このシナジーがあるからである
- 買い手の立場からは、このシナジーによる企業価値の向上を超えない買収価格の範囲内で交渉をまとめることが重要。それでも売り手にとっては、単体としての価値（平常時の市場における株価）を上回る価格で売却できることになり有利な取引になる

(2) M&A成功の要因は何でしょうか[16]

- 上記のように、M&Aによって買い手の企業価値が増大するためには、買収価格のプレミアム部分が統合によるシナジーを超えないことが必要

16　参考：『ポストM&A成功戦略』松江英夫著（ダイヤモンド社刊）

条件
- また統合後に、当初想定されたシナジーが十分にかつ早期に実現されるようロケットスタートを切ることが重要（M&Aの「成立」と「成功」は異なるフェーズにある）[17]
- そのためには、統合の実行計画を推進するリーダーシップと責任体制を明確にし、同時に戦略的・実務的に対応すべき事項（下記に例示）についての判断は状況に応じケースバイケースで下すことが大事（すべてのケースに通用する成功の方程式はない）

  例：被買収企業のブランドをどうするか、
  　　経営陣を残すかどうか、
  　　従業員の雇用を確約するかどうか、
  　　広報

(3) 失敗の要因は何でしょうか
- 大きな原因の第一は、過大な買収価格を支払うこと。対象（被買収）企業の価値分析（バリュエーション）はきわめて重要である
- 過大な買収価格の理由としては、(a)市場自体が楽観的な評価に偏っていること（いわゆるバブル）や(b)統合によるシナジーが過大に見積もられたこと（オークションなど競争的な状況においては、買い手が過大な価格を提示しがちであることに注意）などがある
- あるいはシナジーの見積りは妥当であったが、その前提の一部が統合のプロセスにおける何かの理由（マネジメント、技術、組合等）で遅れたり実現されないこと

---

[17] 前出の参考書によれば、ポストM&A成功の5原則として以下を掲げている。
  ① シナリオ（スタートからゴールまで4段階アプローチ）
  ② スピード（ロケットスタートこそ統合成功の近道）
  ③ シナジー（実現までのマネジメント）
  ④ フォーカス（統合に取り組む3領域：経営戦略、ガバナンス、人事・風土）
  ⑤ リーダーシップ（変革の推進）

- ●本業以外の事業買収の場合（多角化投資など）は、事業ポートフォリオの組合せ効果を超えたメリットは実現しにくいことが多く、当初のもくろみや期待が過大であることがしばしばあるので注意

(4) 支払の対価（現金、株等）として、何を選択するのがいいでしょうか
- ●売り手の立場からは、一般的に現金がいちばん強力かつわかりやすい
- ●買い手の立場からは、手元現金が十分でなければ資金調達が必要となる（次問参照）
- ●買い手は、上場している場合、自社の株式をもって支払の対価に充てること（株式交換方式）が可能。この場合は現金が不要になるが、発行済株式数がふえるので、既存の株主はその持分が希薄化する
- ●合併の場合は、被合併会社の株式は存続会社の株式と一定比率で交換される

(5) M&Aの資金調達はどのように考えるべきでしょうか
- ●大型の設備投資の場合と基本的には同じ
- ●すなわちM&A後の会社のあるべき資本構成を考慮して（すなわちFRICTを検討し）、調達方法を選択すべき

(6) 典型的なM&Aのプロセスは、どのようなものですか
- ●M&Aのプロセスはケースバイケースであるが、売り手企業が主導して部門または子会社の売却を進める場合は、下記のようなプロセスが一般的

> □ 事業戦略として売却方針を内部決定
> □ アドバイザー（財務、法務、会計）を選定し、売却方針とプロセスについて合意（キックオフ）
> □ 買い手候補企業を選定した後、オファリング・メモ（限定的情報開示資料）をもってアプローチし、守秘義務契約に同意してもらったうえでオファリング・メモを手渡す

□興味を示す買い手候補から、第1次デュー・デリジェンスを受付
　　□買い手候補から、第1次ビッド（価格提案を含む）を受付
　　□その結果を受け、最も望ましい買い手候補を選抜し、交渉開始
　　□「基本合意」に至れば、プレス発表などにより情報公開。この時点までは未公開情報（インサイダー情報）として注意して取り扱うこと
　　□買い手企業による第2次デュー・デリジェンスを経て、買収価格、売買契約書に合意
　　□売り手企業の取締役会で決議（必要があれば、臨時株主総会で決議）
　　□契約締結（「最終合意」）
　　□許認可が必要な場合は、（事前に打診をしたうえで）担当官庁に申請
　　□クロージング（決済および引渡し）

- 売り手が全社的な売却または合併を希望する場合も、ほぼ同様なプロセスが考えられるが、株主総会での特別決議が必要
- 買い手主導の（特に敵対的な買収の）ケースでは、関係する企業等の反応によって予測しがたいプロセスをたどることが多く、上記のように整然とはいかない

(7) TOBとは何ですか
- TOBとは英語のTake-over Bidの略、株式公開買付けのこと。Tender Offerともいう
- 上場会社の発行済株式を一定の比率以上買い付ける場合は、TOBによって買い付けなければならない
- 公開買付けは買い手が条件を公表しつつ広く一般株主から買付けを行うものであり、それに対象（被買収）企業の経営陣が同意する場合には適

時開示の一環としてその旨を公表することが必要とされる

(8) 合併・買収後の経営統合をどのように進めるべきですか
- M&Aの成否は、経営統合がいかにスムースに、かつ迅速に進むかにかかっている
- 買い手にしっかりしたリーダーシップと明確な責任体制があり、具体的で実行可能な統合の推進計画が用意されることが必須であることはいうまでもない。重要なポイントとしては、企業文化の相互理解、対象（被買収）企業の経営陣の処遇、ブランドの取扱い、従業員の処遇、社内外向け広報、などがある
- しかし経営統合の姿はケースバイケースであり、ただ１つの成功の方程式があるわけではない。特に、対等合併の場合は、合併後のリーダーシップや企業文化の違いをめぐって対立が起こりやすいので注意

(9) 敵対的な買収とは、どのようなものですか
- 通常のM&Aでは、買い手と対象企業の経営陣が合意したうえで進められることが多い（友好的M&A）
- 一方、買い手の買収提案に対して標的となった対象企業の経営陣（取締役会）が反対をする場合を、敵対的な買収（Hostile Take-over）という
- 経営陣が買収提案に同意しない場合には買収防衛策の導入が図られたり、株主に対し会社経営陣として買収提案に応じないよう働きかけが行われたりすることから、買収の成否をめぐって買収提案者と会社経営陣などを中心に激しい闘争がなされることとなる
- 「敵対的」との表現は現経営者と買収提案者が「対立的」なことを意味するだけであり、買収の提案内容とは中立的なものである。あくまで現経営者と買収提案者以外の株主や投資家・従業員・社会一般にとって敵対的・有害な買収であることなどを意味しているものではない

Bさん「M&Aは、いろいろな知識や経験が求められますね。新米の経営者ではとても対応できない気がしてきました」

財部教授「たしかにM&Aは一種の総合格闘技ですから、さまざまな専門知識が求められます。しかし経営者に求められるのは、信頼に足る専門家を選任する眼力と、その専門家を使いこなす力量です。むしろ事業戦略のことは、経営者のほうがよくわかっていますし、買収候補とのシナジーや適性もよくわかるはずです。アドバイザーに振り回されるのではなく、アドバイザーを使いこなすことが重要です」

Bさん「そうですか。少し自信が出てきました。手元資金を有効に活かせるように、M&Aも真剣に考えます。Cさんとも相談します。また可能なら、財部教授にもB社の経営陣に加わってもらいたいなぁ……」

〈補足解説2－3　株式価値の評価理論（マルティプル法）〉

　株式価値の評価方法として伝統的でもあり、よく使われる方法はマルティプル法（倍率法）です。最もよく使われる株価収益率（PER：Price Earnings Ratio）は、株価と一株利益の比率として算出されます。その他、純資産倍率（PBR：Price Book Ratio）、EBITDA[18]倍率などがよく使われます。

　これらの比率を使うときに注意しておくことがあります。

① 　PERなどの株価を使う比率は、一株利益に対して「株式価値」として株価（市場価値）や貸借対照表上の簿価を使いますが、EBITDAな

---

[18] Earnings Before Interest, Tax, Depreciation and Amortization 減価償却費、金利、税金控除前利益。

どの営業資産が生み出すキャッシュフローを使う比率は、「企業価値」を使うということです。それぞれの利益が帰属する資産項目との比率でなければ、まさに違う性質のものを比べることになり不適切だからです。もう一度、下記の関係を確認しておきましょう（補足解説1－5参照）。

　　　　企業価値＝純有利子負債＋株式価値

② またPERは、分子は現在の株価を使いますが、分母には今期または来期の予想一株利益を使います。これは現在の株価は企業が生み出す将来の利益を反映するという考え方に基づいています。

　　　PER＝現在の株価／予想一株利益

　　たとえばある企業（予想一株利益100円）の業界平均の予想PERが15倍であるとき、一株利益の15倍すなわち1,500円が業界平均の株価ということになります。もしこの企業の市場における株価が1,800円である場合は、PERは18倍となり業界平均よりも「割高」ということになります。

　　ちなみに2011年11月22日の日経225の予想PERは13.9倍でした。日経225を構成する225社平均株価は、それらの予想一株利益平均の13.9倍で取引されているということです。

③　PBRは、分子には現在の株価を使い、分母には前期末の一株簿価を使います。これは過去の実績に基づく企業の解散価値と現在の株価との比較をするという考え方に基づいています。

　　　PBR＝株価／前期一株簿価

　　ちなみに2011年11月22日の日経225の前期PBRは0.91倍でした。これは現在の株価が簿価（解散価値）の約9割の水準であり、割安で取引されていることを示しています。

④　一方、EBITDA倍率は現在の企業価値を分子に、今期または来期の予想EBITDAを分母に使います。今期（または来期）企業が生み出

すEBITDAの何倍の企業価値があるかを評価するときに使います。成長力が高い企業ほどEBITDA倍率は高くなります。

EBITDA倍率＝企業価値／予想EBITDA

たとえばEBITDA倍率7倍が妥当な業種に属する企業（予想EBITDA100億円）の企業価値は700億円となります。この企業の純有利子負債が200億円ある場合、妥当な株式価値は700－200＝500億円になります。

*　　　　*　　　　*　　　　*

では、こうしたマルティプル法とDCF法（補足解説1－5）の関係はどのようになっているでしょうか。

DCF（CAPM）vs. PER

$$PER = \frac{P_0}{eps_1}$$

株価は現在の収益がゼロ成長のときの価値（eps_1/R）と将来の成長力の価値（$PVGO$：Present Value of Growth Opportunities）の和からなっているので、

$$P_0 = \frac{eps_1}{R} + PVGO$$

P_0 ：現在（T＝0）の株価

eps_1 ：1期後（T＝1）の一株利益（予想）

$PVGO$：成長力の現在価値

これらの式を合成すると、

$$\rightarrow PER = \frac{1}{R \cdot \left(1 - \frac{PVGO}{P_0}\right)}$$

ここでRは、CAPM理論の資本コストを指します。すなわち、

$$R = R_f + \beta \cdot (R_m - R_f)$$

上記のPERの式の意味するところは、$PVGO/P_0 = 0$（成長力の価値がゼロ）のときPERはRの逆数になります。$PVGO/P_0$が大きくなればなるほど（つまり成長力大）PERは大きくなり、$PVGO/P_0$が小さくなればなるほど（つまり成長力小）PERは小さくなるということです。

　日経225（2011年11月22日終値8,315円、予想PER 13.9倍、PBR 0.91倍）を例にとってこの関係をみてみると、表2－10のようになります。網カケの部分に注目してください。

　この時点の$PVGO/P_0 = 0$（成長力の価値がゼロ）と仮定すれば、予想PER＝13.9倍から逆算して、日経225平均の資本コストRは7〜7.5％の範囲にあります。リスクフリー・レートR_fは約1％（10年もの日本国債利

表2－10　日経平均

$PVGO/P_0$　　　　　　　　　8,315円　　（2011／11／22）予想PER＝13.9倍

PER	R（Discount Rate＝Cost of Equity）			
	6.5%	7.0%	7.5%	8.0%
12.9	−19.3%	−10.7%	−3.4%	3.1%
13.9	−10.7%	−2.8%	4.1%	10.1%
14.9	−3.3%	4.1%	10.5%	16.1%
15.9	3.2%	10.2%	16.1%	21.4%
16.9	9.0%	15.5%	21.1%	26.0%

PER

$PVGO/P_0$	R（Discount Rate＝Cost of Equity）			
	6.5%	7.0%	7.5%	8.0%
−10%	14.0	13.0	12.1	11.4
−5%	14.7	13.6	12.7	11.9
0%	15.4	14.3	13.3	12.5
5%	16.2	15.0	14.0	13.2
10%	17.1	15.9	14.8	13.9
30%	22.0	20.4	19.0	17.9
50%	30.8	28.6	26.7	25.0

回り)、β は 1 なので、投資家の求めるリスク・プレミアム($R_m - R_f$)は 6.0〜6.5％の範囲にあると推測されます。一般的にリスク・プレミアムは 4〜5％の範囲にあるとされますが、この時期は投資家がリスクに対して敏感であったことを示しています。

また $R = 7$ ％と仮定すれば、予想PER＝13.9倍から逆算して、$PVGO/P_0$ はマイナス 5〜0％の範囲にあると推測されます。これは日経225全体の平均成長力の価値がゼロないしマイナスであることを示しています。PBRが0.91と簿価割れしている状況と、この時点の欧州金融危機の状況や長引く国内のデフレ傾向と円高を考えれば、妥当な水準ともいえるでしょう。

※補足解説 1 − 3　課題（21頁）の回答例

　　自己資本（株主資本）コストが 7 ％であると仮定すると、20頁の例は次のように変わる。

　　（売上げの限界利益率）＞（金利）／（運転資金の限界回転率）
　　　例：　　3 ％　　　　　＜　7 ％／2　　　悪化
　　　　　　 3 ％　　　　　＜　7 ％／1　　　悪化

　　借入れでは「改善」のケースでも、自己資本のケースでは「悪化」になる場合がある。

Ⅳ M&Aと組織づくり

　Bさんは、専門家や他の経営者からM&Aの成功・失敗の要因を学んだうえ、あくまでも本業の強化につながる場合に限りいい機会があれば友好的な買収を検討してもいいと考えるようになりました。共同経営者であるCさんとも相談し、次のような条件を満たす候補企業があれば、積極的に対応することを決めました。

【条件】
① 対象会社の買収によってB社の本業の成長性と収益性にプラスの効果があがること（分野の異なる多角化投資はしない）
② 対象会社はその得意とする顧客分野（マーケット・セグメント）でトップシェアまたはリーダー的ポジションをもち、かつB社との友好的な統合に前向きであること
③ 対象企業との統合の効果（シナジー）をしっかり検討したうえで、買収価格の上限を事前に決めること
④ 買収後のB社の1株当りの純利益とキャッシュフローが希薄化しないこと

　またBさん、CさんはB社が大きくなってきたことから、今後の経営戦略を検討するにあたり外部有識者の知恵を上手に取り込むための方策や、上場会社として経営の健全性を確保するための方策についても相談していくことで合意しました。

その後しばらく経って、同業者の集まりで知り合ったＰ社のオーナー兼経営者（Ｐさん）から戦略的な提携ができないかとの打診を受けました。
　Ｐさんは15年前外資系コンピュータ会社を55歳で早期退職した後Ｐ社を起業し、事業を成功に導きました。Ｐ社は5年前にすでに上場しています。Ｐさんは温厚で誠実な人柄でよく知られています。本人はそろそろ事業から引退したいと思っていますが、身近にいい後継者がいません。そこでかねて知り合いであったＢさんに相談をしにきたというわけでした。Ｐさんは、単なる提携にとどまらず、条件さえ合えばＰ社をＢ社に売却してもいいとの感触です。
　Ｐさんはもともとソフトウェア・エンジニアでした。Ｐ社は起業時にはPC用のアプリケーション・パッケージ・ソフトを開発して大成功しました。その後インターネット関連のさまざまなサービス提供に軸足を移しながら、現在では装飾品、ファッション雑貨やインテリア小物のオークション兼通信販売（イー・コマース）に特化したサイトを運営しています。小粒ながら、登録会員数約50万人を有し、この分野ではユニークなリーダー企業です。現時点では黒字基調（予想純利益：約85百万円）で事業は推移しており、株式の時価総額は12億～13億円、有利子負債残高は約5億円です。債務を引き受け、株価に多少のプレミアムを支払うとしても、手元現金の範囲でまかなえる金額です（表2－11参照）。
　Ｂさんは下記の理由で大変タイムリーな話であり、戦略的にもフィットする買収機会ではないかと考え、早速Ｃさんと相談しようとしています。

1 　Ｂ社の本業に隣接した事業分野でありなじみがあること
2 　これまでＢ社のサイトを利用するユーザーは無料でアクセスできたが、今後はそれに加え、付加価値情報を受け取ることができる有料のプレミア会員制度をつくることを検討中（Ｐ社の経験が役に立つ可能性大）
3 　手元現金の範囲内で買収可能、希薄化も生じない見込み（要検討）
4 　Ｐさんのように経験豊富で人柄もよく、技術にも強い経営者を囲い込み

表2－11　B社M&A

前提条件	シナジー効果：5％ 買収プレミアム：20％ のれん代償却：119

〈主要財務指標〉

	B社12期 2011－3	B社13期予算 2012－3	P社実績 2011－3
売上高	2,200	3,500	1,700
EBITDA	1,250	1,800	260
減価償却等	250	300	90
金利	0	0	25
経常利益	1,000	1,500	145
税金	450	600	68
純利益	550	900	77
資本金	787	787	420
株数（千株）	3,531.0	3,531	2,500
有利子負債	0	0	550
総資産	3,300	4,300	1,800
純資産	2,589	3,489	903
ROE	21%	26%	9%
EPS（円／株）	156	255	31
営業CF	800	1,200	167
投資CF	(120)	(400)	(110)
財務CF	0	0	0
現金増	680	800	57
現金残	2,434	3,234	65
従業員（人）	70	80	105
売上げ／従業員	31.4	43.8	16.2

（注1）　P社の負債は返済せず、のれん代を会計上も税務上も償却しないケース。
（注2）　P社の負債を返却し、のれん代を5年で償却するケース、税務上も損金算入可と

(単位：百万円)

P社予算 2012-3	シナジー	買収後予算 (注1) 2012-3	買収後予算 (注2) 2012-3
1,800	265	5,565	5,565
280	106	2,186	2,186
95	0	395	514
25	0	25	0
160	106	1,766	1,672
64	42	706	669
96	64	1,060	1,003
420		787	787
2,500		3,531	3,531
550	0	550	0
1,900		5,361	
999		3,649	3,592
10%		29%	28%
38		300	284
191	64	1,455	1,517
(125)	(1,500)	(2,025)	(2,025)
0	0	0	(550)
66	(1,436)	(570)	(1,058)
131	(1,436)	1,929	1,441
105		175	175
17.1		31.8	31.8

の前提。

たい

またBさんは、会社が上場して社会的責任も大きくなってきたことから、この機会に経営の健全性をより強固なものにするため、内部統制・ガバナンスの体制を見直す必要があるかどうか、考えています。そのきっかけは、以前Bさんの大学の友人、財部教授にB社の経営に参画してほしいとの提案をもちかけた時に、「委員会設置会社」と社外取締役の可能性について質問を受けたからです。

新しい会社法のもとでは「委員会設置会社」という組織形態を選択することができるようになりました。取締役会が経営を監督する一方、業務執行は執行役に委ね、経営の適正化と合理化を図ることができるようになると聞いています。この組織形態がB社にとって望ましいものであるか、Pさんの処遇とあわせて検討したいと思っています。

Cさんと一緒にP社買収に関する財部教授の意見を聞くために、下記の質問リストを用意しました。

質 問

(1) Cさんと合意した買収の条件に照らしてみると、P社との話を進めるべきですか
(2) 話を進めるためには、どのようなアドバイザーが必要になりますか
(3) P社の価値評価（バリュエーション）は、どのように行えばいいですか
(4) 今後の交渉プロセスはどのようになりますか
(5) また交渉の重要なポイントは何ですか

> 回　答

(1)　Cさんと合意した買収の条件に照らしてみると、P社との話を進めるべきですか

【条件】①　対象会社の買収によってB社の本業の成長性と収益性にプラスの効果があがること（分野の異なる多角化投資はしない）
- この条件を検証するには、P社の事業内容と今後の事業計画の精査（デュー・デリジェンス）が必要であり、信頼できるアドバイザー等を任命して早急に進めることが不可欠である
- B社とP社が統合することで得られるシナジーを分析・評価し十分なシナジーがあるならば、本業の成長性と収益性をより強化することになる
- P社の事業は、B社の本業とのファッション・ビジネスで隣接分野であるので、いわゆる他業種への多角化投資には当たらないと思われる。統合されれば顧客層を拡張するだけでなくサービス内容も多様になり、プラスの効果が期待できる
- 一方、リスクがあるとすれば、P社に通信販売というB社にはないビジネスがあること、現時点でB社に広告やマーケティング支援のビジネスを依頼している法人顧客がP社を潜在的な競争相手とみて、B社との取引を縮小する可能性があることなどが指摘される
- それ以外のリスクについても、精査を通して見極めることが重要である

【条件】②　対象会社はその得意とする顧客分野（マーケット・セグメント）でトップシェアまたはリーダー的ポジションをもち、かつB社との友好的な統合に前向きであること
- P社はその得意とする分野ではユニークなリーダー企業であり、かつPさんもB社との友好的な統合に前向きである
- その限りでは、この条件は満たされると思われる

【条件】③　対象企業との統合の効果（シナジー）をしっかり検討したうえ

表2-12 貸借対照表

	B社12期 2011-3	B社13期予算 2012-3	P社実績 2011-3
現金	2,434.0	3,234.0	65.0
営業資産	866.0	1,066.0	1,735.0
のれん代	0.0	0.0	0.0
総資産	3,300.0	4,300.0	1,800.0
有利子負債	0.0	0.0	550.0
その他負債	711.0	811.0	347.0
純資産	2,589.0	3,489.0	903.0
負債+純資産	3,300.0	4,300.0	1,800.0

表2-13 株価のマルティプル分析

	B社	P社
現在の株価（円）	8,000	500
株式時価総額（百万円）	28,248	1,250
PER（vs 12期）	51.4	16.2
PER（vs 13期）	31.4	13.0
PBR	10.9	1.4
純有利子負債（現金）（百万円）	(2,434)	485
企業価値（百万円）	25,814	1,735
EBITDA倍率（12期）	20.7	6.7
EBITDA倍率（13期）	14.3	6.2

表2-14 買収効果の分析

買収価格と企業価値	買収後（注2）	
シナジー効果	5%	
買収プレミアム	20%	
買収価格（百万円）	1,500	
のれん代（百万円）	597	
買収後企業価値	買収後（注2）	増加率（注3）
EBITDA倍率	14.0	
企業価値	30,604	18.6%
現金	999	
株式時価総額	31,603	11.9%
株式数（千株）	3,531	
EPS（円／株）	284	11.4%
株価（円）	8,950	11.9%
PER	31.5	0.4%
PBR	8.7	−20.6%

（注1）　P社の負債は返済せず、のれん代を会計上も税務上も償却しないケース。
（注2）　P社の負債を返却し、のれん代を5年で償却するケース、税務上も損金算入可との前提。
（注3）　株価上昇率は、現在の株価（8,000円）からの変化率。EPSの変化率は単体予想255円との比較。

(単位：百万円)

P社予算 2012－3	期首（買収時） 2011－4	期末（注1） 2012－3	期末（注2） 2012－3
131.0	999	1,929	1,441
1,769.0	2,601	2,835	2,835
0.0	597	597	478
1,900.0	4,197	5,361	4,754
550.0	550	550	0
351.0	1,058	1,162	1,162
999.0	2,589	3,649	3,592
1,900.0	4,197	5,361	4,754

表2－15a　感度分析(a)──シナジー効果と買収プレミアムによるEPSの変化

シナジー効果	0％			
買収プレミアム	10％	20％	30％	40％
EPS（円／株）	270	266	262	258
上昇率	6.0％	4.4％	2.7％	1.0％

シナジー効果	5％			
買収プレミアム	10％	20％	30％	40％
EPS（円／株）	288	284	280	276
上昇率	13.1％	11.4％	9.8％	8.1％

シナジー効果	10％			
買収プレミアム	10％	20％	30％	40％
EPS（円／株）	306	302	298	294
上昇率	20.2％	18.5％	16.8％	15.2％

【結論】　一株利益（EPS）は、
　　買収プレミアムが10％増加すると、約4円／株低下する
　　シナジー効果が5％増加すると、約18円／株上昇する

表2－15b　感度分析(b)──シナジー効果、買収プレミアム、EBITDA倍率による株価試算

シナジー効果		5％			
買収プレミアム		10％	20％	30％	40％
E B I T D A 倍率	12X	7747	7712	7677	7641
	上昇率	-3.2％	-3.6％	-4.0％	-4.5％
	13X	8366	8331	8296	8260
	上昇率	4.6％	4.1％	3.7％	3.3％
	14X	8986	8950	8915	8879
	上昇率	12.3％	11.9％	11.4％	11.0％

シナジー効果		10％			
買収プレミアム		10％	20％	30％	40％
E B I T D A 倍率	12X	8208	8072	8037	8001
	上昇率	1.3％	0.9％	0.5％	0.0％
	13X	8757	8721	8686	8651
	上昇率	9.5％	9.0％	8.6％	8.1％
	14X	9406	9370	9355	9300
	上昇率	17.6％	17.1％	16.7％	16.2％

【結論】　理論株価は、
　　買収プレミアムが10％増加すると、約35円／株低下する
　　シナジー効果が5％増加すると、約360〜430円／株上昇する
　　EBITDA倍率が13倍から12倍に低下すると、約620円／株低下する

第2章　上場（IPO）とM&A

で、買収価格の上限を事前に決めること
- 本問に答えるには、シナジー効果の具体的な中味を検討することが必要であるが、まずシナジーが売上増加（0～10％）につながると仮定して分析してみる
- この分析・評価の結果が表2－12～2－15にまとめられている
- この結果によれば、現在ほとんど収益に貢献していない手元現金で買収する場合、たとえシナジーがなくても買収プレミアム45％程度まではB社の一株利益は減少しない。たとえばシナジー0％、プレミアム40％では一株利益は258円になる（当初予算：255円）。

　仮にシナジーで売上げが両社の単純合計の5％増加するとし、その増加する売上げに係るEBITDAの比率が40％（EBITDA／売上比率40％）と仮定すると買収プレミアム20％で一株利益は約11％増加する。保守的にみてもP社の現時点の株価の20％までならばプレミアムを払うことが許容されると考えられる
- いうまでもなくシナジー効果が大きければ、もっと大きなプレミアムを払うこともできる

【条件】④　買収後のB社の1株当りの純利益とキャッシュフローが希薄化しないこと
- すでに上にみたように、仮に手元現金を使いこの上限価格（20％プレミアム）で買収した場合、のれん代が約6億円発生する
- 5％のシナジー効果のもとで、このれん代を5年で均等償却すると仮定すれば、買収後の一株利益（284円）はB社単体の予算（255円）と比べて希薄化することはない（表2－14参照）
- 営業キャッシュフローから事業継続のために必要な投資キャッシュフローを引いて得られるフリー・キャッシュフローも増大するので、この条件は満たされる

(2)　話を進めるためには、どのようなアドバイザーが必要になりますか

- 以下のアドバイザーが必要となるが、業務を丸投げすることなくB社のなかで経営者が自らコミットして参加すること、および専任の担当者を指名することが重要である
- 財務アドバイザー：事業計画の精査、企業価値の評価（バリュエーション）をはじめ、買収の形態の選択（ストラクチャリング）、相手方との交渉、経営陣への説明等、広範な役目を担う。なかでも価格交渉はM&Aの成否を左右する重要な仕事。一般的には、投資銀行（証券会社）や銀行などの金融機関が多いが、M&Aアドバイスを専門とするブティーク（独立系専業）もある。買い手と売り手を仲介し同時に双方代理的なアドバイスを提供する業者もあるが、利害相反の観点から勧められない。買い手と売り手はそれぞれが財務アドバイザーを雇うべきである
- 法務アドバイザー：法務面の精査、基本合意、株式譲渡契約書などの文書作成、ストラクチャリングなどを担う。M&Aの経験豊富な弁護士事務所に依頼することが望ましい
- 会計アドバイザー：財務諸表、経理面（税務を含むこともある）、資産内容等の精査、場合によってバリュエーションなどの評価を担う
- その他（必要があれば）業界の市場動向や技術等に詳しい専門家

(3) P社の価値評価（バリュエーション）は、どのように行えばいいですか
- 表2－12～2－15で示した分析はあくまで予備的なものである。基本はP社の予算および事業計画をベースにDCF（Discount Cash Flow Method）法で分析する（第1章補足解説1－5、表1－21参照）が、これに加えて類似会社と比較するマルチプル（補足解説2－3、倍率法：PER、EBITDA倍率等参照）を併用するのが一般的。過去の実績は参考にするが、バリュエーションはあくまでも将来期待される収益（キャッシュフロー）をベースに評価すべきである
- 分析・評価は財務アドバイザーに委ねればいいが、P社の予算および事業計画の妥当性については、同業のB社の見解が重要である。精査の時

には財務アドバイザーと一緒にB社の経営陣（または専任の担当者）が参加することが不可欠である
- 双方の財務アドバイザーは、それぞれP社の単体（統合前）の価値を評価したうえで、統合後のシナジーを分析・評価する
- シナジーとそれに基づく成長力の評価と実現のためのプランづくりは、買い手にとってM&Aの成否を左右する最重要の仕事である
- また前提条件（事業計画、シナジー効果、買収プレミアム等）の変化による企業価値（あるいは株価）の感応度を分析しておくことが、買収価格の上限を決めるためには非常に重要である
- 買収後の一株利益と株価の変化をシナジー効果、買収プレミアムおよびEBITDA倍率の関数として分析した結果が表2－15にまとめられている。ここに示されたように、将来の理論株価は投資家が適切と考えるEBITDA倍率の変化に大変敏感である。現在、B社の株価（市場価値）に基づく企業価値は予想EBITDAの約14倍という高い倍率で評価されている（表2－13参照）。これに比べてP社は約6倍である。

　B社の成長力が高く評価されているといえるが、買収後にこの成長期待が低下すると、投資家が適切と考えるEBITDA倍率も低下する。たとえばシナジー5％の場合にEBITDA倍率が12倍になれば、その水準に見合うB社の理論株価は7,700円前後となり、現在の水準（8,000円）より低下するという結果になる。

　シナジー10％の場合には、EBITDA倍率が12倍まで下がっても、それに見合う株価は8,000～8,200円（プレミアム10～40％）の範囲に収まり、現在の株価8,000円以上になる。P社を買収することで成長力を鈍化させないことと、シナジーをできるだけ早期に実現することが、きわめて重要である

(4) 今後の交渉プロセスはどのようになりますか
- 大きく3段階に分けることができるが、両社とも上場会社なので特に未

公開情報（インサイダー情報）の管理には注意する必要がある
  (a) 基本合意まで
  (b) 値決めおよびM&A形態の最終合意まで
  (c) クロージング（引渡し）まで
(a) 基本合意まで
● 交渉開始に関する双方の意思が確認できれば、当事者間で守秘義務契約を締結する
● 両社とそれぞれのアドバイザー・チームが一堂に会し、キックオフ。今後の手順について合意
● P社の事業内容、予算、事業計画等に関する精査（デュー・デリジェンス）を行いながら、P社のバリュエーションを進める
● M&Aの形態（ストラクチャリング）について分析。基本的な方針（株式譲渡、合併、営業譲渡等）を固める
● 価格とM&A形態の提案、交渉
● 並行して基本合意書（覚書）の交渉、および締結。その後、情報開示、必要に応じプレス発表等（この時点までは、本件はインサイダー情報）
(b) 値決めおよびM&A形態の最終合意まで
● 最終契約書の交渉
● B社、P社それぞれ社内手続の準備および決議（取締役会、必要があれば臨時株主総会）
● 最終契約書の締結
(c) クロージングまで
● 株式譲渡の場合は、公開買付け（TOB）の開始
● クロージング（引渡し）
(5) また交渉の重要なポイントは何ですか
  ● 値決め（負債の引継、役員退職金を含む）
  ● M&A形態（ストラクチャリング）

- ●Ｐさんの処遇
- ●従業員の雇用

Ｂ さ ん「よくわかりました。早速アドバイザー候補を絞り込んで、面談をしたいと思います。財部教授もぜひ手伝ってください」

財部教授「いいですよ。アドバイザーの選任のお手伝いはしましょう。ただし、この案件の分析や交渉は彼らに任せたほうがいいですよ。そのときは、現金による買収だけでなく、Ｂ社の株式を使った株式交換方式[19]など他の方法もあわせて分析してもらいましょう。Ｂ社の株価が高いことを使って、もっと有利な取引ができるかもしれません。もちろん最終的な判断はＢさんとＣさんですけど……」

Ｃ さ ん「わかりました。本件はアドバイスどおりに進めてみたいと思います。ところで以前話題になった「委員会設置会社」とはどういうものですか？　検討する価値がありますか？」

財部教授「従来の「監査役会設置会社」に加えて、米国型の企業統治を模範とした「委員会設置会社」を選択的に導入できることが、2006年に会社法で定められました。委員会設置会社とは、「経営と執行の分離」を強化する目的で設けられた、新しい企業統治（ガバナンス）の仕組みです。

　委員会設置会社を導入するには、取締役会のなかに、指名、報酬、監査の３委員会を設置することが必要になります。各委員会は取締役３名以上で構成され、その過半数は社外取締役。また、業務執行は代表執行役、執行役にすべて委ねられ、取締役会はその監督に徹することになります。取

19　ある株式会社が、対象会社を100％子会社（完全子会社）にするための企業再編手法の１つである。具体的には、子会社となる会社の株主に対して、その保有している株式を親会社となる会社株式に交換する。２つの既存の会社を一度に完全親子会社の関係にする組織再編に係る手続。

締役が執行役を兼務することはできますが、監査委員会の構成メンバーは執行役との兼務が認められません。さらに取締役や執行役の監督は監査委員会に一元化され、監査役会および監査役は廃止になります」

Bさん「B社にとってのメリットとデメリットはなんですか」

財部教授「最大のメリットは「経営と執行の分離」が徹底されることでしょうね。取締役会は経営問題に関する意思決定と執行役の監督に徹することで、監視機能と業務執行機能の分離ができ、経営方針に沿った業務執行が行われているかチェックしやすいといわれています。

　また国際的にも認知されやすいガバナンスの仕組みといえるでしょうね。海外の企業と提携するようなときは、先方にとってわかりやすいと思いますよ。一方、社外取締役に適任の候補を探してくることがむずかしいという日本固有の問題もあり、まだ日本で普及しているとはいえないと思います」

Cさん「いま、実は米国のフェイスブック社との提携の可能性があります。B社は、委員会設置会社になったほうがいいですかね……」

財部教授「会社の状況次第であり、必ずしも委員会設置会社がいいとはいえません。機関設計を変えても、「仏つくって魂入れず」では機能しません。米国でもエンロンのような問題が起きています。しかしBさん、Cさんが経営の健全性の確保を重要な課題と考えている場合や、社外取締役として招聘したいと思われる適任の候補者がいる場合にはたいへん効果的なガバナンス強化策になりうると思います。また株主に対して、大きなメッセージ効果があるでしょうね」

Bさん「いいですね、委員会設置会社にしましょう。Cさんも私も、経営の健全性を確保することはいちばん重要だと思っています。そして財部先生にはもちろん社外取締役として参加してもらいますよ（笑）」

財部教授「わかりました。前向きに検討しましょう。大学のほうとも、問題がないか確認して、お返事します。

繰り返しますが、監査役会設置会社でも委員会設置会社でもベスト・プラクティスを実行している会社のガバナンスはいいんです。逆に、悪いところは形態にかかわらず悪いですね。たとえいまはよくても、特定の人の情熱や力量のみに依存するかたちでは限界があるでしょうね。その人がいなくなったら問題が出てきます。ガバナンスが効いているのが自然といえるような企業内文化を構築するのが理想です。
　いまＢ社はたいへん勢いがあります。手元資金も潤沢です。しかしここで経営者が油断してはいけません。過去にも、上場後しばらくは勢いがあっても、潤沢な手元資金でムダな投資をしたり、経営者が情熱を失い怠慢になってダメになった企業が数多くあります。そうならないように気をつけましょう。大丈夫ですね（笑）？」
Ｂさん、Ｃさん「もちろんです（笑）！　そのためにも委員会設置会社にして、われわれの経営に不断のチェックを入れてもらいましょう」

第 3 章

企業戦略と
ビジネスポートフォリオ
―D電工株式会社―

I 事業の「選択と集中」とM&A（売却）

　D電工株式会社（以下「D社」）は、東京証券取引所に上場する特殊電気工業材料の中堅メーカーです。粘着テープや磁気テープ、産業用のさまざまなフィルム、シート、高分子分離膜などを製造・販売しています。技術開発力とマーケティング力に定評があり、製品開発リスクが高く競争が厳しいこの業界で平均を超えた成長を達成してきました。顧客は電子・電気業界、自動車業界、医療機器業界など幅広く、年間売上規模は1,000億円超、今後の中期的な売上成長率が年15％超と期待され、さらに経営陣の評価も高い優良会社です。企業のミッションとして、「わが社の中核技術であるテープ・フィルム等の技術をテコに、個性的な電気工業材料メーカーとして顧客、株主、従業員、地域社会に貢献する」を掲げています。

　同社の経営は、3年ごとに策定される中期事業計画（ビジョン）をベースに運営されています。事業は大きく4つの部門からなっており、それぞれが独立した工場と研究開発部をもち、各部門長はビジョンに基づく業務執行については大きな権限を与えられ半ば独立採算的な経営を行っています（表3－1参照）。

　一方、同社はキャッシュフロー経営[20]を基本とし、高格付（シングルA格）を維持しつつ株主価値を意識した経営を行う方針を掲げています。このため設備投資計画を中心に毎年の投資案件の選択とキャッシュフロー管理につい

---

[20] 企業のミッションを実現するための経営の手段として「キャッシュを生み出し、適切に管理し、ふやすこと」を掲げている。このため営業、投資、財務の各分野においてキャッシュフローに着目した管理を全社的に徹底している。

表3-1　次年度予算

(単位：億円)

	A部門	B部門	C部門	D部門	管理部門	全社
売上高	480	360	240	170		1,250
同構成比(％)	38%	29%	19%	14%		100%
EBITDA	110	160	90	30	(5)	385
同構成比(％)	29%	42%	23%	8%	－1%	100%

ては、本社の投資委員会（委員長はCEO、メンバーはCFOと各部門長）において全社的な立場から検討されることになっています。

各部門の特徴は次のとおりです（表3－2、3－3、図3－1参照）。

① A部門
　・創業以来の旗艦事業、一般産業用のテープが中心
　・売上規模では社内で最大（売上構成比約40％）
　・市場は成熟しつつあり、中期成長率は5％に低下
　・マーケットシェアは30％、業界2位
　・部門キャッシュフロー潤沢

② B部門
　・現在、最も競争力と勢いがある事業、液晶・電子部品用フィルムが中心
　・売上規模では社内で2位（売上構成比約30％）、EBITDA（金利税金償却費前利益）では1位（構成比約40％）
　・市場は堅実に成長を続けており、中期成長率は25％
　・マーケットシェアは40％、業界1位
　・営業キャッシュフロー大であるが、投資需要も大きくネットでは部門キャッシュフローがマイナス

③ C部門
　・これからの成長性が高く、将来の主軸事業となることが期待されている事業であるが、市場の競争環境が厳しく今後の投資需要大、医療用の応

表3-2 予算における部門ごとの計画値

(単位:%)

	A部門	B部門	C部門	D部門
マーケットシェア	30	40	15	5
売上成長率	5	25	35	10
EBITDA/売上げ	23	44	38	18

表3-3 キャッシュフローと資金調達予算

(単位:億円)

	A部門	B部門	C部門	D部門	全社
①営業CF	67	97	35	15	214
②投資CF	(35)	(155)	(115)	(35)	(340)
資金調達前CF	32	(58)	(80)	(20)	(126)
配当					(20)
資金調達					150
③財務CF					130
現金増減					4

図3-1 売上成長率vs.マーケットシェア（注）

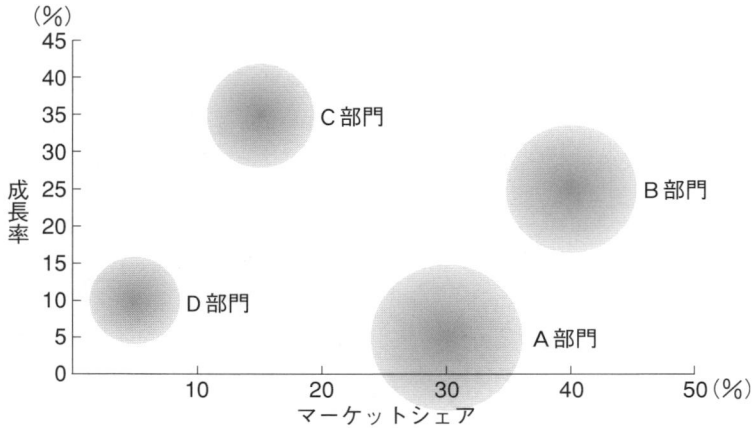

(注) 円の面積は売上高を示す

用製品が中心
- 売上規模では社内で3位（売上構成比約20%）
- 市場は高成長のまっただなかにあり、中期成長率は35%
- マーケットシェアは15%、業界3位、今後のマーケットシェア向上が課題
- 今後の成長を支えるための投資需要が旺盛で、部門キャッシュフローはマイナス

④　D部門
- A部門に次いで古い事業部門であり、唯一最終消費者向け商品（記憶用媒体等）を抱えている。市場においてブランドは認知されているが、コスト競争力に欠けるところがあり売上規模では社内4位（売上構成比約14%）、利益率も劣る
- 市場は成長期を終え、中期成長率は10%、ただしテープ・フィルムを用いた記憶用媒体については技術革新の影響を受けやすくリスク大
- マーケットシェアは5%、業界6位
- 部門キャッシュフローはマイナス、利益率向上が課題であるが、やや古くなった工場設備を新鋭機器に代替するには大きな設備投資が必要とされる

　現在、来年度の投資計画の策定作業が山場を迎えています。円高が徐々に進行するなかで少子高齢化が進展し、経済社会の構造変化が起こりつつあります。D社にとってもビジネス環境は厳しさを増しており、現在の中期計画（ビジョン）の前提となる経済成長の鈍化を懸念する声もあります。各部門の事業計画をふまえると資金調達前キャッシュフローが126億円の赤字となり、必要な投資額をまかなうためには少なくとも150億円の資金調達が必要となります（表3－3参照）。
　現在、投資計画の焦点は、「社債の格付」、および「4部門のうちD部門の

将来性をめぐる議論」です。それぞれのポイントは次のとおりです。

1　格付：シングルAの維持

■現在のシングルA−（マイナス）を維持するためには、次の条件を満たすことが重要と考えられる

> ・キャッシュフロー・カバレッジ
>   EBITDA／金利＞10倍
> ・デット・エクイティ・レシオ（D/E）
>   D/E＜100％

■現在の予算案では新たに150億円の社債発行（または銀行借入れ）が必要とされるが、表3−4にあるように、上記比率がそれぞれの条件を満たすことができなくなるので、いずれ格下げ（トリプルB＋）になる可能性が高い

■上記の条件を満たすためには、①投資予算をカットし借入額を減らす、②増資をして株主資本を増強する、③部門または資産売却するという選択肢がある。しかし現在の株価はPER＝18倍程度であり、株式市場の評価が低く、希薄化の問題もあるので②増資案は却下された

■したがって残る選択肢は、「a　格下げになっても予算案どおり社債を150億円発行する」か、あるいは「b　格付を維持するために次のどちらかを選択し社債発行（または借入れ）を減額すること」のいずれかと

表3−4　来期予算に基づくカバレッジ／レバレッジ・レシオ

EBITDA/金利　期首	11.3倍	○
EBITDA/金利　期末	9.6倍	×
D/E　期首	100％	○
D/E　期末	105％	×

表3-5（b-1） 投資予算カット20%（注）＋70億円借入れ

（単位：億円）

	A部門	B部門	C部門	D部門	全社
①営業CF	67	97	35	15	214
②投資CF	(35)	(155)	(115)	(35)	(340)
予算カット	7	35	29	8	79
資金調達前CF	39	(23)	(51)	(13)	(48)
配当					(20)
資金調達					70
③財務CF					50
現金増減					2
EBITDA／金利　期首					11.3倍
EBITDA／金利　期末					10.5倍
D/E　期首					100%
D/E　期末					96%

（注）　運転資金増分および設備投資予算の合計額の20%カット。

表3-6（b-2）　D部門売却（価格180億円／簿価150億円の場合）（注）

（単位：億円）

	A部門	B部門	C部門	D部門	売却益（税後）	全社
①営業CF	65	95	33	20		213
②投資CF	(35)	(155)	(115)	130	18	(157)
資金調達前CF	30	(60)	(82)	150	18	56
配当						(20)
資金調達						0
③財務CF						(20)
現金増減						36
EBITDA／金利　期首						10.4倍
EBITDA／金利　期末						10.4倍
D/E　期首						100%
D/E　期末						88%

（注）　D部門の簿価内訳は、運転資金20億円および純固定資産130億円からなる（期首）。

なった
- b－1　運転資金増分および設備投資予算を20％削減して投資予算カット20％（結果的には、各部門の競争力の低下とマーケットシェア低下を招く）、社債発行額を70億円に減らす（表3－5参照）
- b－2　部門売却（D部門）による資金回収案（この場合、市場の好感を得てPER＝20倍超となり、株価の上昇も期待できる）。表3－6では、年度当初に価格180億円（EBITDAの6倍）で売却のケースが示されている（簿価は150億円）

2　D部門

- 4部門のなかで最も小さな部門（売上高構成比14％、EBITDA構成比8％）、消費者向けの商品分野を含み、収益率、収益貢献度も劣る
- この部門の市場成長率（10％）は、全社加重平均（17％）より相対的に小さく、長期的な展望も必ずしも明るくないが、次年度には多額の設備更新投資（35億円）が必要とされる。一方、記憶用媒体については、大きな技術革新によってテープ・フィルム技術を使わない方向に進む可能性があり、大きなリスク要因である
- 業界のポジションは6位、マーケットシェアは5％にとどまる。複数の証券アナリストが、D社の株価はこのD部門の存在によって低く評価されるとし、D部門が売却されて「選択と集中」が進めば株価評価は見直されるという指摘をしている
- 事業ポートフォリオのなかでは唯一、将来性、収益性の観点から売却候補として特定されたが、D部門長をはじめ、労働組合からの売却反対論が根強い。その理由は主として雇用維持と消費者向けブランドを失うことに対する懸念である
- たまたまある証券会社から、同業のX社（業界でのポジション4位、マーケットシェア15％＋）がD部門の買収に興味を示しているとの情報がもたらされた。一緒になればマーケットシェアは20％超となり、一気に業

界の2位企業と並ぶことになるので、X社としてはシナジーを反映した価格（EBITDAの6倍以上）を払う意思があると伝えてきた。またD社の商品ブランドを少なくとも2年は使い続けてもよいとの意向であり、D部門の従業員は解雇せず全員を継続して雇用を続けるとの方針である

CFOのDさんは、状況が込み入ってきたので、外部の第三者からの意見を聞いてみたいと思い、CEOに相談しました。そこでK大学の財部信孝教授にアドバイスを求めることになり、下記の質問と資料（表3－1～3－8参照）を用意しました。

質 問

(1) あなたがCEOまたはCFOの立場にあるとすれば、来年度の投資案をどのように決定しますか
(2) その際、あなたが重視する要因は何ですか
(3) あなたはどの選択肢を選びますか
   a　格下げになっても予算案どおり社債を150億円発行する
   b　格付を維持するために次のどちらかを選択する
   ・b－1　社債の発行額（借入額）を減らすため、投資計画を縮小する
   ・b－2　D部門の売却
(4) 上記の案以外に想定できる案がありますか

表3－7　D社来期予算ベースケース

(単位：億円)

	A部門	B部門	C部門	D部門	管理部門	全社
売上高	480	360	240	170		1,250
同構成比（％）	38	29	19	14		100
EBITDA	110	160	90	30	(5)	385
同構成比（％）	29	42	23	8	－1	100
減価償却	(45)	(55)	(25)	(15)	0	(140)
本部管理費配分	(2)	(2)	(1)	(1)	5	
金利	(12)	(12)	(7)	(3)	0	(34)
税前利益	51	91	57	11	0	211
税金	(30)	(30)	(17)	(8)		(84)
純利益	22	62	40	3		127
管理費配分比（％）	35	35	20	10		100
マーケットシェア（％）	30	40	15	5		
売上成長率（％）	5	25	35	10		17
EBITDA/売上げ（％）	23	44	38	18		31
①営業CF	67	97	35	15		214
②投資CF	(35)	(155)	(115)	(35)		(340)
資金調達前CF	32	(58)	(80)	(20)		(126)
配当						(20)
資金調達						150
③財務CF						130
現金増減						4

	A部門	B部門	C部門	D部門		全社
現金　期首						50
現金　期末						54
運転資金　期首	120	100	80	20		320
運転資金　期末	120	120	110	23		373
成長率（％）	0.0	20.0	37.5	15.0		16.6
固定資産　期首	450	500	250	130		1,330
固定資産　期末	440	600	340	150		1,530
成長率（％）	－2.2	20.0	36.0	15.4		15.0
総資産　期首						1,700
総資産　期末						1,957
負債　期首						850
負債　期末						1,000
純資産　期首						850
純資産　期末						957
負債・総資産計　期首						1,700
負債・総資産計　期末						1,957
EBITDA/I　期首						11.3
EBITDA/I　期末						9.6
D/E　期首（％）						100
D/E　期末（％）						105
ROE（％）						14.0
株価試算	A部門	B部門	C部門	D部門		全社
(1)　EBITDA倍率	7.0	10.0	8.5	6.0		
企業価値期首	770	1,600	765	180		3,315
現金						50
有利子負債						850
株式価値期首						2,515
企業価値期末	809	2,000	1,033	198		4,039
現金						54
有利子負債						1,000
株式価値期末						3,093
(2)　PER						18
株式価値期首						2,279
株式価値期末						2,671

表3-8　D社来期予算（D部門売却@180億円）(注)

(単位：億円)

	A部門	B部門	C部門	D部門	管理部門	全社
売上高	480	360	240	0		1,080
同構成比（％）	44	33	22	0		100
EBITDA	110	160	90	0	(5)	355
同構成比（％）	31	45	25	0	−1	100
減価償却	(45)	(55)	(25)	0	0	(125)
本部管理費配分	(2)	(2)	(1)	0	5	
金利	(13)	(13)	(8)	0	0	(34)
税前利益	50	90	56	0	0	196
税金	(30)	(30)	(18)	0		(78)
純利益	20	60	38	0		118
特別損益：部門売却益(税引後)				18		18
管理費配分比（％）	38	38	23	0		100
マーケットシェア（％）	30	40	15			
売上成長率（％）	5	25	35			18
EBITDA/売上げ（％）	23	44	38			33
①営業CF	65	95	33	20		213
②投資CF	(35)	(155)	(115)	130	18	(157)
資金調達前CF	30	(60)	(82)	150	18	56
配当						(20)
資金調達						0
③財務CF						(20)
現金増減						36

	A部門	B部門	C部門	D部門	管理部門	全社
現金　期首						50
現金　期末						86
運転資金　期首	120	100	80	20		320
運転資金　期末	120	120	110	0		350
成長率（％）	0.0	20.0	37.5	−100.0		9.4
固定資産　期首	450	500	250	130		1,330
固定資産　期末	440	600	340	0		1,380
成長率（％）	−2.2	20.0	36.0	−100.0		3.8
総資産　期首						1,700
総資産　期末						1,816
負債　期首						850
負債　期末						850
純資産　期首						850
純資産　期末						966
負債・総資産計　期首						1,700
負債・総資産計　期末						1,816
EBITDA/I　期首						10.4
EBITDA/I　期末						10.4
D/E　期首（％）						100
D/E　期末（％）						88
ROE（％）						14.9

株価試算	A部門	B部門	C部門	D部門		全社
(1)　EBITDA倍率	7.0	10.0	8.5	6.0		
企業価値期首	770	1,600	765	0		3,135
現金						50
有利子負債						850
株式価値期首						2,335
企業価値期末	809	2,000	1,033	0		3,841
現金						86
有利子負債						850
株式価値期末						3,077
(2)　PER						20
株式価値期首						2,352
株式価値期末						2,783

(注)　D部門売却により管理費配分比が変更されている。

〈補足解説3−1　レバレッジ効果〉

　レバレッジ効果とは、借入金をテコのように有効に使うことで自己資金の投入額を減らし、かつそのリターンを向上させるものです。

　事例として、2年の期間に10%のリターンが期待できる投資案件（原資産）に、40%の借入比率（金利5%）で投資する場合を考えると、自己資金のリターンは次のように13.3%に上昇します（表3−9参照）。

　表3−10と図3−2でみられるように、原資産のリターン（10%）より低い金利（5%）で借入れをする限り、正のレバレッジ効果が得られ、借入れをふやせばふやすほど自己資本のリターンは高くなります。しかし金利が原資産のリターンを超えてしまうと（12%）、レバレッジ効果はかえって負（マイナス）になってしまうことに気をつけなければ

表3−9　原資産のリターン：10%

借入比率 金利	40% 5%		
年度	キャッシュフロー	負債	自己資金
0	(100.0)	40.0	(60.0)
1	10.0	(2.0)	8.0
2	110.0	(42.0)	68.0
IRR	10.0%	5.0%	13.3%

表3−10　レバレッジ効果

原資産のリターン	10%			
借入比率	20%	40%	60%	80%
金利　5%	11.2%	13.3%	17.5%	30.0%
金利　12%	9.5%	8.7%	7.0%	2.0%

図3-2 レバレッジ効果（原資産リターン10%）

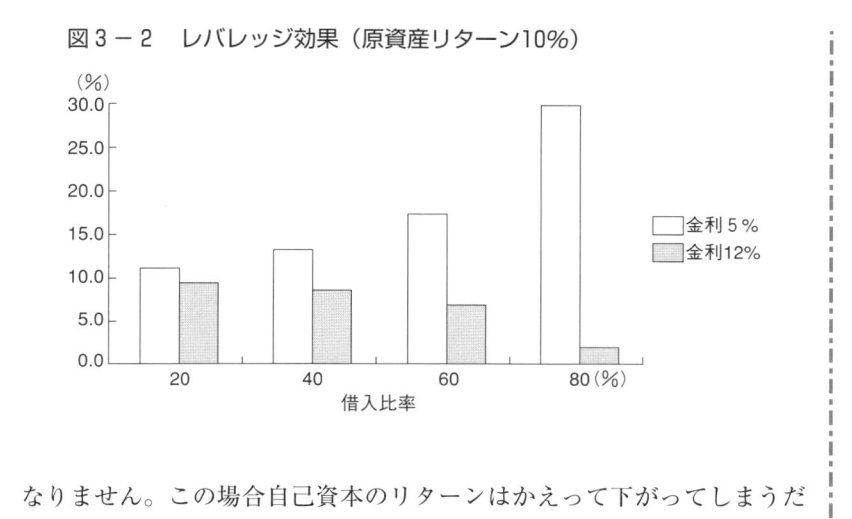

グラフ: 借入比率（20, 40, 60, 80%）に対する自己資本リターン（金利5%、金利12%）
- 20%: 金利5%≒11.1、金利12%≒9.5
- 40%: 金利5%≒13.3、金利12%≒8.6
- 60%: 金利5%≒17.5、金利12%≒6.8
- 80%: 金利5%≒30.0、金利12%≒2.0

なりません。この場合自己資本のリターンはかえって下がってしまうだけでなく、加えて倒産リスクも抱え込むことになります。

回答

(1) あなたがCEOまたはCFOの立場にあるとすれば、来年度の投資案をどのように決定しますか
- 企業のミッションとビジネス環境の変化に照らして、ビジョン（中期計画）の見直しが必要かどうか再検討する
- 事業ポートフォリオにおけるD部門の位置づけ、特に消費財ブランドの価値を明らかにする
- 必要があれば部門売却を含む改革・革新のビジョンを明確にする
- その際、全社的な事業戦略として優先分野の再定義、経営の積極度（攻めと守りのバランス）等をふまえて、財務戦略を立てる
- 財務戦略の要は、次の各要素（FRICT）を総合的に検討し、最適な資本構成を決めること

第3章 企業戦略とビジネスポートフォリオ

> - Flexibility（財務の柔軟性）：借入れ余力、「信用格付」で表される財務体力（リスク吸収力）、デット・エクイティ・レシオなどで表されるレバレッジ効果の程度（補足解説3－1参照）
> - Risk（リスク）：市場、技術開発、営業等のさまざまなリスク評価。不確実性が高ければ、クッションとしての株主資本が必要
> - Income（利益）：事業の経済性、一株利益などの収益性・成長性の評価。安定的な成長力がある場合や、事業リスクが低い場合は、借入れが多いほうが株主に有利
> - Control（支配権）：特定株主の支配力が問題になる場合は、調達手段の選択に制約が加わる（このケースではあまり関係ない）
> - Timing（タイミング）：資金調達時点の市場環境に照らして、よりよい資金調達手段の選択。事業のライフサイクル、金利動向や株式市場の状況によって有利な手段が変わってくる

- ●こうした検討を経て、総合的にベストの投資案を選択する

(2) その際、あなたが重視する要因は何ですか
- ●事業戦略上の重要なポイントは、今後とも4部門全部を抱えて経営していくことが望ましいかという点にある。ビジネスの環境と各部門の競争力等に照らして、今後とも企業のミッションを達成していくために「選択と集中」が必要かどうか、ということである
- ●財務戦略を策定するうえで最も重要なトレードオフは、中期計画で前提とする市場の成長性がたしかであればあるほど、借入れをふやし、レバレッジ効果を効果的に使うことが有利になるということである。一方、リスクが高まれば高まるほど保守的な経営姿勢が求められ、株主資本を手厚く維持し、財務の柔軟性を保持（格付を維持または向上）することが求められる。いったんレバレッジが上がれば下げることは容易でない

- ●マーケティング戦略上の重要なトレードオフは、消費財ブランドを失うことの得失
- ●財務、マーケティング戦略以外の重要な要因としては、顧客、従業員、地域社会への影響など

(3) あなたはどの選択肢を選びますか

　ビジネス環境の変化を重視し、「選択と集中」を進めるためD部門の売却案 b－2 を選択する。各案の評価は次のとおり

a　各部門の投資計画を了承し、格下げになっても予算案どおり社債を150億円発行する
- ●最も積極的、攻撃的な方針であり、社債の格付が下がる可能性が高いが、中期計画の実行にこだわる
- ●中長期的にはまだ成長性の高い分野ばかりであるとすれば、レバレッジ効果によって一株利益ひいては株主リターンを最大化できる可能性が高い
- ●しかし円高が進み、ビジネス環境が悪化しつつある現状では、リスクの評価をより重視すべきであると考え、本案は選択しない。特にD部門の記憶用媒体分野における技術革新（例：半導体分野）が起これば、一挙にテープ・フィルム技術の優位性が失われる可能性がある

b－1　社債の発行額（借入額）を減らすため、投資計画を縮小する
- ●最も保守的な方針であり、社債の格付は維持できるので、想定外の事態が発生しても対応するための余裕と柔軟性がある
- ●一方、経費削減に加え必要な投資をカットすることで競争力が弱まり、マーケットシェアを落とし、中長期的な成長性が低下する可能性が高い
- ●また一律な投資予算カットをすると、経営陣の見識とリーダーシップが問われることとなろう
- ●もし一律に予算カットせず部門間で差をつけるとすれば、さらなる調

整のための議論と交渉が必要となる

b−2　D部門の売却
- ●財務的には保守的な方針ではあるが、事業戦略上「選択と集中」を進めることになり、競争優位性の高い分野に経営資源を集中することができて、中長期的な成長性を強化することになる
- ●消費財ブランドを失うデメリットはあるが、むしろ産業用（B-to-B）に特化していく選択をする
- ●社債を発行しないので格付は維持できるうえに、手元現金が潤沢になりリスクに対する耐久力が高まる
- ●株式市場の評価も改善し、PERが向上して株価（株主価値）が上がる可能性が高まる
- ●D部門の売却に際しては、従業員（特にD部門）、労働組合および地域社会に対する積極的なコミュニケーションを通して彼らの理解を得る必要があるが、X社からの提案はタイムリーであるだけでなく、雇用問題、地域社会との問題を回避できるいい機会である

(4) 上記の案以外に想定できる案がありますか
- ●転換社債

　　　a案を選択し、積極的な経営姿勢を維持するが、普通社債のかわりに転換社債（正式には、転換社債型新株予約権付社債）を発行して資金調達する案である。転換社債型新株予約権付社債は、社債に新株予約権が付されて発行される社債である。普通社債とは異なり、社債を事前に決められた転換価額で株式に転換することができる点に特徴がある。投資家からみれば、転換価額よりも株価が上昇すれば、株式に転換、売却することで利益を得ることができる（エクイティ・キッカー）。逆に転換価額より株価が低いままなら、転換せずに満期日まで待つ（満期償還）ことで社債としての利息を受け取り続けることもできる。このように普通社債と違い投資家が利子以外で利益を得る手段をもつため、売却益を加味

して普通社債より金利を低めに設定して発行される

　D社の立場からみると、株価が転換価格以上に上がればいずれ株式に転換するので、現在の株価で新株発行増資をするより有利である。一般的に、経営陣は今後の業績に自信があるとのメッセージ効果がある。加えて普通社債より金利が低く、たとえ満期償還になっても普通社債より有利といえる

● D部門の合弁事業化

　X社に部門全部を売却せず、一部持分を保有し続けることも可能。つまりD部門はX社との合弁事業（ジョイント・ベンチャー）になることで、スケールメリットなどのシナジーを享受して競争力を高めることができる。

　一方、X社との間で経営方針などをめぐり、意見が対立することもありうる

● MBO（マネジメント・バイアウト）

　現経営陣が自ら資金調達をして、D部門を買収することも理論的には可能である。資金調達源としては、プライベート・エクイティ・ファンドなども考えられる。ただしX社からの申出以上の条件を出すことが求められるのに加え、単体として再出発しても新たなシナジーを付加することは、なかなかむずかしいと思われる

Dさん「なるほど、よくわかりました。事業戦略と財務戦略とのかかわりについて頭のなかがクリアになった気がします。わが社の今後の発展のためには、ここで選択と集中を進めること、すなわちD部門を売却することが重要だと思うようになりました。売却によって財務的にもより保守的なポジションがとれること、社債の格付、株価にも好影響があることもCFOとしてはうれしいところです。CEOやD部門長ともよく相談してみ

ます」

財部教授「消費財ブランドをもっているD部門の売却は、なかなかつらい判断だと思います。決め手になるのは、今後の中期的なビジネス環境を展望したときに、積極的に全部門で攻めの姿勢でいくべきか（つまりD部門は売却せず、格付の低下もおそれず社債を発行する）、あるいは経営資源をより有望なB-to-Bの事業に集中するか（つまりD部門を売却）のどちらの選択をするかということです」

Dさん「そこが経営陣、とりわけCEOの判断だというわけですね。大変な責任ですね……」

財部教授「そのとおりです。株主や従業員にきちんと説明できるように、しっかり分析してください。会社としての決定には、個人的な思いつきや直感でなく、いわゆる適正手続き（Due Process）、周到な調査と分析が求められます。経営者としての善管注意義務でもあります」

Dさん「財務戦略は、その判断すなわち事業戦略に従うといってもいいですか」

財部教授「そうです。そのとおりです。D部門売却のシミュレーションをして、その場合の予想財務諸表をつくることは必須ですね。前提条件をいろいろと動かして、感度分析（いわゆるセンシティビティ・アナリシス）をしっかりやってください。その数字をみて、経営者の知見を働かせてください。

　ただジョイント・ベンチャーや転換社債の案など、財務戦略のほうから代替案を出して、事業戦略にフィード・バックすることも重要ですよ」

Dさん「わかりました。売却シナリオの予想財務諸表をつくります。また目を通してください」

第 4 章

金融・資本市場の動向と資金調達手段の選択
─E電力株式会社─

Ⅰ 2010年度資金調達計画の検討（フクシマ以前）

　E電力株式会社（以下「E社」）は、1951年に創立された電力会社の1つです。西日本のある地域内で独占企業として発電・送電・配電事業を営んでいます。株式は東京証券取引所第一部に上場され、「顧客の日々の生活、そして地域社会の発展に欠くことのできない電気を、安全を最優先に安定して届けること」を社会的使命として経営されています。子会社約50社、関連会社約30社とともにE社グループを形成し、連結ベースの売上高約1.5兆円、総資産約4兆円、有利子負債残高約2兆円、純資産約1兆円、従業員が約2万人の規模で、その地域におけるリーダー的企業として確固たる地位を築いています（表4－1参照）。

　新任の財務部長のEさんは、現在（2010年3月）、次年度（2010年度：2010年4月～2011年3月）の予算策定作業のために資金調達計画（案）を作成しています。

　次年度は営業キャッシュフロー約3,000億円と投資キャッシュフロー約3,000億円がほぼ拮抗する一方、社債と長期借入金の償還が約1,800億円予定されています（表4－2参照）。資金調達の具体的手段とその手順を検討するために、まず過去10年間の資本構成の変化のトレンドを分析し、次いで次年度の経済環境と市場環境を調査しようとしています。

　財務諸表と資本構成の変化を分析してみると、この10年間有利子負債残高は約2兆7,000億円から1兆7,400億に減少を続け、D/Eレシオも367%（1999年度）から163%（2009年度）に低下しました。一方、自己資本比率は、17.7%（1999年度）強から26%（2009年度）に増加しており、レバレッジ効果

表4－1　財務ハイライト

(単位：億円)

	2007年度	2008年度	2009年度
（4月1日～3月31日）			
営業収益（売上高）	15,020	15,501	14,650
営業利益	1,050	897	1,188
経常利益	720	494	650
当期純利益	420	299	402
（3月31日現在）			
純資産	10,728	10,552	10,686
総資産	41,105	41,536	41,143

(注)　2009年度は実績見込み。

表4－2　キャッシュフロー

(単位：億円)

	2007年度	2008年度	2009年度	2010年度予算
営業キャッシュフロー	2,684	2,371	3,448	3,167
投資キャッシュフロー	▲2,315	▲2,583	▲2,357	▲2,957
年度内に期限到来の固定負債	2,038	1,757	1,708	1,773

(注)　▲はマイナスの数字を示す。

表4－3　主要財務指標（連結）

	1999年度	2000年度	2004年度	2009年度
売上高営業利益率（％）	12.7	14.5	15.9	8.1
総資本回転率（回）	0.35	0.35	0.35	0.36
総資産営業利益率（ROA）（％）	4.5	5.1	5.6	2.9
自己資本当期純利益率（ROE）（％）	3.3	7.1	9.8	3.8
有利子負債残高（兆円）	2.69	2.57	1.93	1.74
自己資本比率（％）	17.7	19.6	24.1	26.0
D/Eレシオ（％）	367	314	198	163
配当性向（親会社単独）（％）	123.3	51.2	31.7	110.9
配当性向（連結）（％）	123.3	52.1	31.8	75.1

が小さくなっています。同時期に売上高営業利益率は13％弱から 8 ％弱にほぼ一貫して低下してきています。その結果、ROE（自己資本当期純利益率）も約 7 ％（1999～2004年度平均）から 3 ％台（2007～09年度平均）に低下しました。この間EPS（一株利益）も低下傾向にあり、配当性向は連結ベースで100％近く（親会社単体では100％超）までになっています（表 4 － 3 参照）。Eさんはこのトレンドが持続できるのだろうかと思いめぐらしています。

次年度の経済環境と市場環境については、複数の銀行、証券会社等の調査部門からのレポートを取り寄せ、またアナリストの説明を聞きました。2010年度の主要な指標についてのコンセンサス予想は下記のとおりです。

国内GDP成長率………………………2.3％（実質）、0.4％（名目）

長期金利（10年もの国債利回り）…1.3～1.4％（期末にかけて上昇傾向）

短期金利（コールレート翌日物）…0.10～0.09％（低金利政策の継続）

日経平均（225種）………………………9,950（前期末9,976から横ばい）

「2008年金融危機から世界経済が徐々に回復してくるなか、日本の経済成長率もプラスに転ずると予測されるが、デフレ的状況は持続して短期金利は低位に安定する。一方、世界経済においては、新興国を中心にインフレ懸念が強まり長期金利が上昇する傾向にあり、国内においても長期金利に上昇圧力が高まる可能性が高い」と予測されています。つまりイールドカーブは徐々に傾斜を強めていきそうだということです（補足解説 4 － 1 シナリオB参照）。

Eさんは、(1)これまでの資本構成のトレンドを続けて借入比率を下げていくべきか、また(2)予想される金利環境のなかで償還のための新規資金調達の手段と手順をどう考えるべきか、K大学の財部信孝教授に相談することとし、下記の質問と財務諸表等（表 4 － 8 ～ 4 －16参照）を用意しました。

> **質 問**

(1) 利益率の低下傾向をどう考えますか
(2) 借入比率が低下し、自己資本比率が上昇している傾向をどう考えますか
(3) また、こうした傾向が続くなかで安定配当にこだわり、配当性向が100%を超える（親会社単体ベース）事態に至っていることをどのように評価しますか
(4) 今後の資本構成をどのようにしていくべきだと考えますか
(5) そのうえで、次年度に向けた財務戦略、特に新規資金調達の手段と手順をどうすべきだと考えますか

〈補足解説4－1　金融・資本市場動向と資金調達のタイミング〉

　実際の資金調達を行うときには、どの調達手段をどのタイミングで選択するかが重要な課題となります。その際、最も重要な検討課題は、金融・資本市場の動向です。具体的には、金利の動向、株式市場の動向、外国為替市場の動向などです。なかでも金利動向は、株式市場や外国為替市場にも影響する基本的な要因です。

　金利の動向は、イールドカーブ[21]の動きとして理解するのが効果的です。現状からイールドカーブがどのように動くかをシナリオ分析する方法です。表4－4に示されたように短期、長期金利それぞれが上昇、下降する4シナリオを考えてみましょう。

21　イールドカーブ（Yield curve、利回り曲線）とは、残存期間が異なる複数の債券などの利回りの変化をグラフにしたもの。横軸に残存期間、縦軸に債券などの利回りをとる。

表4－4

イールドカーブの動向		短期金利	長期金利
現在	順イールド	—	—
シナリオA	全般に金利上昇	↑	↑
シナリオB	スティープ化	↓	↑
シナリオC	フラット化または逆イールド	↑	↓
シナリオD	全般に金利下降	↓	↓

図4－1　イールドカーブの動向

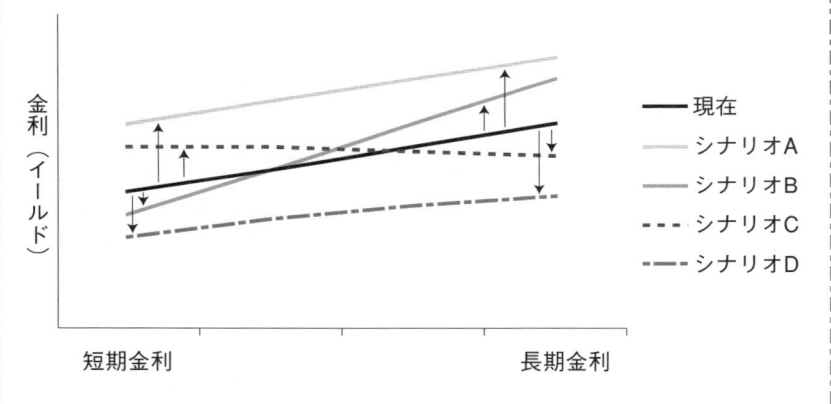

（グラフ：縦軸 金利（イールド）、横軸 短期金利〜長期金利。現在、シナリオA、シナリオB、シナリオC、シナリオD）

　これをグラフに示すと図4－1のようになります。

　図4－1に示されるシナリオを前提に、そのシナリオ下で想定される経済の動向と今後の資金調達手段の最適な選択を考慮してみましょう（表4－5参照）。表中では時間軸に沿った有利さの程度とその変化を○×と矢印（→）で表示しています。

【シナリオA】

　たとえばシナリオAは、短期、長期金利ともに今後上昇していくことが想定されています。景気も順調で、これからさらに加速していく状況です。インフレ懸念も強まり、金融引締めのため政策金利が引き上げられる可能性が高まるという予測を反映しています。

表4－5　資金調達手段の選択（現在→将来）

今後の金利動向		短期借入れ	長期借入れ	増資
シナリオA	全般的な金利上昇 景気：加速→強 インフレ懸念 金融引締め	○→△	○→ △／×	○→△／×
シナリオB	スタグフレーション 景気：減速→弱 インフレ懸念 金融緩和 財政危機、金融危機等	△→○	○→ △／×	×／？→△／？
シナリオC	フラット化（または逆イールド） 景気：ミックス、減速 インフレ退治（短期） 金融引締め	○→△	×→○	×／？→△／？
シナリオD	全般的な金利低下 景気：減速→弱 デフレ懸念 金融緩和-	△→○	×→○	×→○

（注）　○　資金調達に有利
　　　　△　資金調達に中立的
　　　　×　資金調達に不利
　　　　？　業種等によってミックス、特定しがたい

　こうしたケースでは、現時点（もしくは近い将来）での株価も高く、すべての資金調達手段で資金を調達しやすく、かつ有利な状況だといえます。いずれ金利が上がり、株価も調整時期が来ることを考慮すると、できるだけ早く長期性の資金（社債や株式）を取り込むべきだといえます（つまり現時点ですべての手段が○で、徐々に△または×に変化していく）。

【シナリオB】

　シナリオBは、政策金利をはじめ短期金利は低下していくなかで長期金利が上昇するというむずかしいケースです。経済活動の停滞（不況）と物価の持続的な上昇が共存する状態が想定され、スタグフレーション

的状況の到来が予測されています。株式市場の動向はどちらとも言いがたく、業種によってミックスした反応を示すと思われます。財政危機や金融危機の場合も似たような状況が現れることがあります。

その場合は、投資家の不安心理を反映して金融・資本市場全般にリスク・プレミアムが大きくなり株式市場も一律に低調です。市場は不安定なので、資金調達が可能ならば、短期、長期借入れをして手元流動性を高めておくべきです。いずれ金融緩和の効果が出てくれば、株式市場の好転も期待できます（現時点では長期借入れが○）。

【シナリオC】

シナリオCは、短期金利が上昇する一方長期金利は低下してくるケースです。石油危機などによって経済が混乱し、短期のインフレ圧力が高まるなかで、中長期の経済成長が鈍化して長期的なインフレ懸念は少ない場合にみられる状況です。

インフレ退治のために政策金利が引き上げられ、イールドカーブはフラット化するか、もしくは超短金利が逆転する逆イールドカーブになります。短期の借入れが多いと、コストの面で徐々に不利になりますが、長期の資金調達は長期金利が低下するまでしばらく控えておいたほうがよいでしょう。株式市場の反応は、業種によってミックスすると思われますが、経済が混乱している状況下では一般的に増資はむずかしいでしょう（現時点では短期借入れが○）。

【シナリオD】

シナリオDは、短期、長期金利ともに低下していくケースです。景気の後退局面にあり、政策金利が引き下げられ金融緩和が進みます。株式市場もすでに景気後退を折り込み、低調になっていると想定されます。デフレ傾向もみられる場合があります。

こうした時期は足下での資金調達には不利な状況ですが、金利が低下していくなかで調達環境は徐々に改善していくことが期待されるので、

待てるものなら「待ち」の姿勢をとることが理にかなっています。当面、緊急の資金需要があれば短期借入れで調達することが望ましいでしょう。実際に金利が低下していけば、資金調達は徐々に容易になります（現時点ではすべて×または△であるが、時間がたてば○になる）。

　　　　＊　　　　　＊　　　　　＊　　　　　＊

ただし以上はあくまで一般論です。

実際の資金調達においては、企業の個別のケースごとに異なった他の条件（外国為替市場、ビジネス環境、競争相手の動向、業種内の技術革新、規制等の動向）がありますので、上記の一般論に加えて具体的な検討が欠かせません。

回答

(1) 利益率の低下傾向をどう考えますか

- 電力料金については、電気事業法[22]により経済産業大臣の認可制になっており、自由に改訂することはできない
- ただしその料金は「能率的な経営のもとにおける適正な原価に適正な利潤を加えたものであること」とされている
- 経常収益は過去10年間ほぼ横ばいであるが、販売電力量はふえてきている（特に特定規模需要）ので、電力単価は下がりつつある

---

[22] 参考：電気事業法
　第19条　一般電気事業者は、一般の需要（特定規模需要を除く）に応ずる電気の供給に係る料金その他の供給条件について、経済産業省令で定めるところにより、供給約款を定め、経済産業大臣の認可を受けなければならない。これを変更しようとするときも、同様とする。
　2　経済産業大臣は、前項の認可の申請が次の各号のいずれにも適合していると認めるときは、同項の認可をしなければならない。
　　一　料金が能率的な経営の下における適正な原価に適正な利潤を加えたものであること
　　（以下省略）

- 一方、経常費用はその間漸増している。人件費、減価償却費は減少しているが、燃料費が特に2007年以降高騰している
- その結果、経常利益は2004年をピークに減少を続けている。2008年は金融危機の影響のために、特に大きく減少している
- 利益率の低下傾向は一般企業であれば大きな懸念材料であるが、電力会社のような公益事業の場合はいずれ料金改訂により利益率が改善すると期待することができよう。しかし、これはあくまで〈能率的な経営〉が行われている場合に限ることを念頭に置いておく必要がある。また電力料金をめぐる政治経済情勢の変化の影響もありうる。その意味で、毎年利益率を改善するための合理化努力は続けなければならない
- 料金認可申請に際しては、一般的には固定資産に見合う適正利潤が確保できるような水準に料金が設定されるといわれている。一方ROAは、この数年低下してきているので、その原因は究明する必要がある

(2) 借入比率が低下し、自己資本比率が上昇している傾向をどう考えますか
- 過去10年間、徐々に設備投資が減少している。2002年度からは（2008年度を例外として）、設備投資額は減価償却費内に収まっている
- その結果、総資産はわずかながら縮小を続け、一方で内部留保により自己資本比率が向上するなかで、有利子負債残高を減少させてきたといえる
- 借入比率の低下は、ある意味E社が過小投資による「縮小均衡」のサイクルに陥っていることを示していると同時に、自己資本が肥大化し非効率化していることを暗示している。たとえばこの間、負債を返済するかわりに自己株式を市場で買付けする[23]ことにより、株主還元を進めると同時に配当負担を減らすこともできたはずである

---

23 自社株買いともいう。株式会社が、過去に発行した自社の株式を市場で買い戻すことである。自社株買いを行うと、1株当りの利益は、自己株式数を発行済株式総数から差し引いて計算するため増加する。この点では株主への利益配分といえる。

表4－6　燃料別発電電力量構成比
(単位：％)

	1999年度	2004年度	2009年度
原子力	46	45	42
水力	8	8	5
地熱	2	2	2
石炭	17	22	27
LNG	19	17	18
石油等	8	5	5
新エネルギー	0	1	1

- 自己資本の肥大化が(a)既存の発電所や送配電施設のキャパシティと安全対策等がすでに地域の需要を十分以上に満たすほど整ったので新増設のための投資の必要がなくなった結果なのか、あるいは(b)今後の社会のニーズ（単に電力量だけでなく、安全対策、温暖化対策や新エネルギー源の開発等を含む）に応えるための投資が不足していることの結果なのか、慎重に見極めることが必要である。ちなみにこの10年間、電力源としては原子力が最も大きな比率（40％台）を占め、次いで石炭、LNGが大きい。新エネルギーの比率は小さい（表4－6参照）

- これらの原因が(a)であれば、E社は新たな成長機会、成長戦略のない会社ということになり、投資家からみて魅力のない会社になる可能性が高い。(b)であれば、社会のニーズの変化に鈍感な会社ということになり、経営陣の見識と力量が問われることになろう。いずれにしても、国のエネルギー戦略の枠組みのなかで、経営陣はE社の長期ビジョンと成長戦略を明らかにする必要がある

(3) また、こうした傾向が続くなかで安定配当にこだわり、配当性向が100％を超える（親会社単体ベース）事態に至っていることをどのように評価しますか

- 安定配当にこだわることは、必ずしも悪いことではない。特にビジネス

環境の外生的で一時的な変化の影響で単年度だけ利益が変動しても回復が期待できるときには、配当を変える必要はないであろう。たとえば1999年度はそうした状況だったと思われる
- しかし構造的な要因で利益の減少が続く場合には、いずれ配当を減らさざるをえなくなり、安定配当を続けることはできない
- E社の場合、前問でみたように、構造的な縮小均衡に陥っている可能性が高いと判断される。この状況を経営陣は率直に認め、受け入れて、配当額を減らすべきである

(4) 今後の資本構成をどのようにしていくべきだと考えますか
- 公益企業といえども営利目的の株式会社であることを再認識し、顧客と投資家に対し長期ビジョンと成長戦略を明らかにすることがまず求められる
- 次いで成長戦略を実現するための事業計画、投資計画を策定する
- そのなかで新規の設備投資について、投資の収益性、回収期間、リスク等の分析を行ったうえで、次の各要素（FRICT）を総合的に検討し、今後の最適な資本構成を考えるべきである
    - Flexibility（財務の柔軟性）：借入れ余力、「信用格付」で表される財務体力（リスク吸収力）、D/E（デット・エクイティ）レシオなどで表されるレバレッジ効果の程度
    - Risk（リスク）：市場、技術開発、営業等のさまざまなリスク評価。不確実性が高ければ、クッションとしての株主資本が必要
    - Income（利益）：事業の経済性、資本コスト、一株利益などの収益性・成長性の評価。安定的な成長力がある場合や、本ケースのようにそもそも事業リスクが低い場合には、借入れが多いほうが株主に有利
    - Control（支配権）：特定株主の支配力が問題になる場合は、調達手段の選択に制約が加わる（このケースでは、あまり関係ない）
    - Timing（タイミング）：資金調達時点の市場環境に照らして、よりよい

表4－7　10電力会社合計[24]

	2000年度	2005年度	2008年度	2009年度
自己資本比率（％）	17.2	23.7	21.7	22.7
設備投資額（億円）	29,270	14,979	21,242	20,344
設備資金調達内訳				
自己資本（％）	128.5	133.6	63.8	147.9
社債（％）	－16.3	－3.6	17.3	－9.0
借入れ（％）	－12.2	－30.0	18.9	－38.9
社債・借入残高（兆円）	28.8	22.0	22.0	21.0

資金調達手段の選択。事業のライフサイクル、金利動向や株式市場の状況によって有利な手段と手順が変わってくる（本ケースではこの点が重要）

- E社の場合の最適資本構成を検討する際、最も重要な要因はD/Eレシオを上げることによる資本コストの低減化、すなわちレバレッジ効果（第3章補足解説3－1参照）と事業リスクの間のトレードオフである。
- 一般的に料金認可制の地域独占型公益企業の場合、料金にコストと適正利潤が反映されるため事業リスクは小さいと評価されるので、借入比率は可能な限り高いほうがよいとされる。また投資の回収期間も長期にわたることが多いので、短期より長期の借入れにより多く依存することが望ましい
- しかしながら新エネルギー源の開発等、事業リスクが大きい投資案件がふえてくると、リスクの受け皿（あるいはクッション）としての自己資本により多く依存することが望ましい
- E社の現状を他社と比較してみると（表4－7参照）、自己資本比率は過大である。この資本構成を正当化するためにはより活発な新規投資、積

---

[24] 電気事業連合会資料
http://www.fepc.or.jp/library/data/infobase/pdf/infobase2010.pdf

図4－2　シナリオと財務戦略の骨子

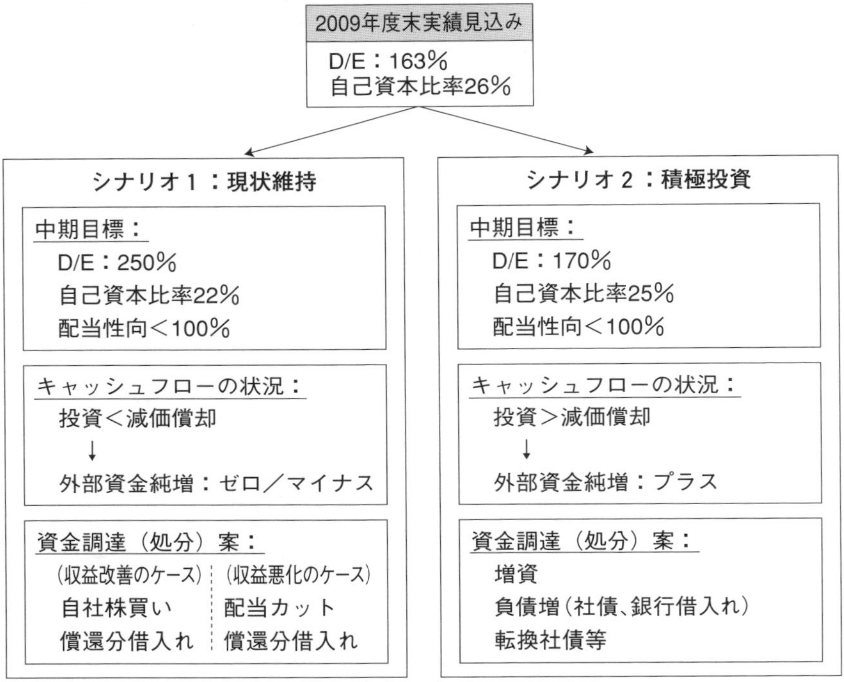

```
                    ┌─────────────────┐
                    │2009年度末実績見込み│
                    │ D/E：163%        │
                    │ 自己資本比率26%   │
                    └─────────────────┘
                       ↙         ↘
```

シナリオ1：現状維持

中期目標：
　D/E：250%
　自己資本比率22%
　配当性向＜100%

キャッシュフローの状況：
　投資＜減価償却
　　↓
　外部資金純増：ゼロ／マイナス

資金調達（処分）案：
（収益改善のケース）｜（収益悪化のケース）
　自社株買い　　　｜　配当カット
　償還分借入れ　　｜　償還分借入れ

シナリオ2：積極投資

中期目標：
　D/E：170%
　自己資本比率25%
　配当性向＜100%

キャッシュフローの状況：
　投資＞減価償却
　　↓
　外部資金純増：プラス

資金調達（処分）案：
　増資
　負債増（社債、銀行借入れ）
　転換社債等

極的な経営姿勢が求められるともいえる。そうでなければ株価はさらに低下を続け、株式の時価総額が簿価を大幅に下回ることになろう（現在でもPBRは1以下、すなわち簿価割れの状態であるが、もっと悪くなるということ）

● 結論としては、成長戦略を描いたうえで予想される事業リスクの程度に応じて借入比率の中期目標を設定する（図4－2参照）
● 〈シナリオ1：現状維持〉たとえば成長戦略上で既存の電力源や技術に大きな変化がなければ、3年後のD/Eレシオを250%（これは7～8年前の水準）に近づけることとする。自己資本比率は現在の水準26%を超えないようにし、目標22%に近づける

- 〈シナリオ２：積極投資〉成長戦略をもっと積極的に展開し、新エネルギー源の開発、安全対策の強化、環境問題対応、国際化などへの投資をふやす場合は、３年後のD/Eレシオ170％、自己資本比率25％（これらは昨年度の水準）で維持することが正当化されるであろう

(5) そのうえで、次年度に向けた**財務戦略、特に新規資金調達の手段と手順**をどうすべきだと考えますか

- 上記の〈シナリオ１：現状維持〉において中期的に事業環境が好転し、純利益が改善するならば、株主還元を進めるため配当額（年60円／株、総額約300億円）は変更せず、株価の安い時期に自社株買いを進める
- 燃料代高騰をはじめとする収益状況のトレンドに大きな変化がないか、あるいはさらに純利益が悪化する気配が出てくれば、株主還元は見送り配当額も削減する必要がある。いずれにしても増資できるような状況ではない。配当額を少なくとも２～３割削減すべきであろう
- 設備投資は減価償却の範囲内とし、その他当面必要な資金調達はすべて負債でまかなうべきである。年間新規資金調達の目標は、配当（実績は約300億円）および償還額（約1,800億円）の合計額を多少超えて余裕をもって設定する（2,100億～2,500億円）

内訳：（カッコ内は償還額）

```
社債……………………1,400億円（700億円）
長期借入れ……………800億円（1,000億円）
コマーシャルペーパー……300億円（新規）
```

- 余裕をとるのは、不測の事態で特定の市場での資金調達に支障が出ても、他の市場で補うためである。またコマーシャルペーパーを新規に発行するのは、予想される短期金利のメリットをとり資金コストを少しでも節約するためである

第４章　金融・資本市場の動向と資金調達手段の選択

- 市場環境は、年間通して長期金利が上昇傾向にあるので、長期の固定金利を確保するため社債を年度当初から優先的に積極的に発行しつつ、長期借入れの借換えは控えめにしていく（補足解説４－１シナリオＢ参照）
- 年度前半に社債市場の発行環境がなんらかの理由で悪化するか、悪化することが予想される場合は、早めに銀行等からの長期借入れを固定金利で確保する
- 銀行等の金融機関とは、現在の良好な関係を維持することを目標として付き合う
- 上記の〈シナリオ２：積極投資〉が方針となる場合は、むしろ外部資金ニーズが高まることになるので、上記の負債による調達に加え、タイミングをみて株式を使った資金調達（増資、転換社債等）を計画することが求められる。まず一株利益が向上するようにいろいろな方策（合理化、料金改定等）を講じ、また機関投資家に対し新しい事業戦略の説明（IR）に回る必要がある。ただし次年度の経済見通しによれば株式市場が好転する見込は少ないので、株式を使った資金調達はむずかしいと考えられる

Ｅさん「自己資本比率が上昇しているのは、財務体質が強くなっていることだと理解していましたが、少し考え方が違いますね……」

財部教授「そうですね、業種や企業のライフステージによっては事業リスクや製品・技術開発リスクが大きく、自己資本比率が高いほうが望ましいことはあります。しかし貴社のような電力会社の場合は、地域独占を許され、総合的にコストは料金に反映されることになっていますので、むしろ資金コストの安い負債をできるだけ多く使うことが望ましいと思います。回答のなかでも指摘しましたが、貴社の場合この10年間に余剰キャッシュフローで負債返済を進めた結果として、自己資本比率が上昇してくる一方

で純利益は低下傾向にあり、配当性向が100％を超えるまでになっています。自己資本が肥大化して、効率が悪くなっています。原因はやはり成長につながる投資不足ですね。縮小均衡になっていると思います」

Ｅさん「発電量はこの４〜５年ほぼ横ばいです。設備投資額は減価償却額以内でも能力的には同レベルですから、かえって設備の効率は上がっているとも思いますがいかがですか。また国内10電力の平均をみても、自己資本比率は徐々に上昇してきています」

財部教授「発送電設備の技術的な効率は上がっているかもしれませんが、資本の効率は下がっています。過去数年、余剰資金を負債返済に優先的に回しましたが、むしろ一部は自社株買いに回すべきでしたね。そうすればより理想に近い資本構成を維持でき、また株主還元を進めることができたうえに、現在の配当負担も少なくなっているはずです。国内10電力の設備投資のピークは1992年度、約５兆円でした。現在は約２兆円まで減っています。したがってＥ社と同様の構図で負債を返済してきた結果、業界全体の自己資本比率が上がってきたといえます。すでに表４－７に示したとおりです」

Ｅさん「なるほど。少しわかってきました。資本コストの安い負債を減らすよりも、資本コストが高い自己資本を優先的に減らしておくということですね。それに、たしかに10電力平均よりもＥ社の自己資本比率は高いですね」

財部教授「そのとおりです。また将来の最適資本構成は、今後の事業戦略によって変わってきます。従来どおりの事業戦略を維持していく場合は、レバレッジを上げる方法を考えましょう。積極的にリスクをとっていく場合は、現在のレベルでもいいでしょうけど……」

Ｅさん「今後の理想的な自己資本比率を検討する際、天災や原子力事故のような、もしものときに備えて自己資本を潤沢にしておくという考え方はいけないんですか」

財部教授「いけないというわけではありません。自己資本はさまざまな事業リスクに対するクッションです。しかし通常の事業リスクを超えた異常な天災等のリスクに備えて自己資本を潤沢にしておく余裕があるなら、むしろそうしたリスクに対して万全の備えをするための安全対策を行うことや、保険をかけることのほうが理にかなっていると思いませんか。もし大規模な災害や原子力事故などがあれば、多少の自己資本はすぐにふっとびますよ。地域独占の公益事業として国の長期的なエネルギー政策のもとで電力の安定供給を義務づけられている以上、企業の安全対策に瑕疵がなければ、ある一定以上のリスクは国の政策によって支えられることになるんじゃないでしょうか。それは究極的には国民負担になるわけですけど……」

Eさん「なるほど……ありがとうございます。私は個人的には、E社が縮小均衡から成長路線に移り変わり元気な企業になってほしいと思いますので、その方向で案を練ってみたいと思います。また市場の動向を予測して有利な資金調達の手段やその順番を考えるというところも、たいへん興味深く感じました。償還の時期が来たから受動的に同じ手段で借り換えるという発想ではまったく不十分ですね。予想される市場の動きを読んで、より効果的な手を打つということですよね。勉強になりました」

財部教授「公益事業といっても、政府の独立行政法人とは性格が異なります。あくまで営利を目的とする株式会社として経営され、また上場されているわけですから、経営陣には法律の許す範囲でさまざまな事業機会を見出し、企画・立案して、事業化するという自由度と責任があると思います。ぜひE社が新しい成長戦略を打ち上げ、温暖化対策や安全対策面も含めて電力業界のリーダーとなってほしいと思います。財務戦略はあくまで事業戦略によって決まるものですから、その整合性を考慮せずに漫然と受動的な財務活動を続けていかないように気をつけてください。また市場予測はあくまでも予測ですから、そうならない場合や不測の事態も頭の片隅

に置いていろいろな判断をしてくださいね」
Eさん「わかりました。ありがとうございました」

表4-8　E社──財務ハイライト（連結）

	1999年度	2000年度	2001年度	2002年度	2003年度
（4月1日〜3月31日）					
営業収益（売上高）	14,485	14,580	14,880	14,410	14,016
営業利益	1,845	2,120	1,987	1,798	1,991
経常利益	620	960	1,057	902	1,155
当期純利益	245	580	631	650	750
（3月31日現在）					
純資産	7,334	8,184	8,326	8,445	9,090
総資産	41,417	41,664	42,889	42,006	41,015
（4月1日〜3月31日）					
営業キャッシュフロー	4,361	4,165	4,108	4,533	3,904
投資キャッシュフロー	▲2,885	▲2,792	▲3,390	▲2,427	▲1,980
財務キャッシュフロー	▲1,701	▲1,193	▲691	▲2,268	▲2,039
設備投資額	2,909	2,830	3,290	2,650	2,100
減価償却費	2,929	2,769	2,707	2,764	2,607

表4-9　連結損益計算書

科目	1999年度	2000年度	2001年度	2002年度	2003年度
営業収益（売上）	14,485	14,580	14,880	14,410	14,016
営業費用	12,650	12,460	12,893	12,612	12,025
営業利益	1,845	2,120	1,987	1,798	1,991
経常利益	620	960	1,057	902	1,155
税金等調整前当期純利益	459	960	1,057	1,020	1,130
当期純利益	245	580	631	650	750
普通株式1株当り当期純利益（円）	48.67	115.22	125.20	128.51	148.51
配当性向	123.3%	52.1%	47.9%	46.7%	40.4%

（注）億円未満を切り捨てて表示。▲はマイナスを示す。

(単位：億円)

2004年度	2005年度	2006年度	2007年度	2008年度	2009年度	2010年度予算
14,387	14,110	14,283	15,020	15,501	14,650	15,100
2,287	1,706	1,563	1,050	897	1,188	1,050
1,756	1,304	1,285	720	494	650	700
953	788	680	420	299	402	290
9,759	10,506	10,824	10,728	10,552	10,686	10,579
40,561	40,899	40,954	41,105	41,536	41,143	42,236
4,192	2,960	3,068	2,684	2,371	3,448	3,167
▲1,932	▲1,970	▲2,079	▲2,315	▲2,583	▲2,357	▲2,957
▲2,273	▲709	▲1,069	▲277	398	▲1,362	536
2,060	2,001	2,080	2,402	2,570	2,360	2,437
2,402	2,296	2,191	2,309	2,309	2,336	2,341

(単位：億円)

2004年度	2005年度	2006年度	2007年度	2008年度	2009年度	2010年度予算
14,387	14,110	14,283	15,020	15,501	14,650	15,100
12,100	12,404	12,720	13,970	14,604	13,462	14,050
2,287	1,706	1,563	1,050	897	1,188	1,050
1,756	1,304	1,285	720	494	650	700
1,587	1,256	1,120	720	550	650	503
953	788	680	420	299	402	290
188.83	137.04	135.24	83.53	59.57	79.92	57.65
31.8%	43.8%	44.4%	71.8%	100.7%	75.1%	104.1%

表4－10　連結キャッシュフロー計算書

区　分	1999年度	2000年度	2001年度	2002年度	2003年度
営業活動によるキャッシュフロー					
税金等調整前当期純利益	459	960	1,057	1,020	1,130
減価償却費	2,929	2,769	2,707	2,764	2,607
法人税等	▲214	▲380	▲426	▲370	▲380
その他	1,187	816	770	1,119	547
営業活動によるキャッシュフロー	4,361	4,165	4,108	4,533	3,904
投資活動によるキャッシュフロー					
固定資産の取得による支出	▲2,909	▲2,830	▲3,290	▲2,650	▲2,100
その他	24	38	▲100	223	120
投資活動によるキャッシュフロー	▲2,885	▲2,792	▲3,390	▲2,427	▲1,980
財務活動によるキャッシュフロー					
社債の純増源額	▲370	▲673	▲222	▲171	▲1,560
長期借入れ純増源額	▲894	▲350	▲548	▲857	▲726
短期借入金の純増減額	▲135	132	▲189	▲697	300
コマーシャル・ペーパー増減額	—	—	570	▲240	250
配当金の支払額	▲302	▲302	▲302	▲303	▲303
財務活動によるキャッシュフロー	▲1,701	▲1,193	▲691	▲2,268	▲2,039
現金および現金同等物の増減額(▲は減少)	▲225	180	27	▲162	▲115
現金および現金同等物の期首残高	699	474	654	681	518
現金および現金同等物の期末残高	474	654	681	518	403

(単位：億円)

2004年度	2005年度	2006年度	2007年度	2008年度	2009年度	2010年度予算
1,587	1,256	1,120	720	550	650	503
2,402	2,296	2,191	2,309	2,309	2,336	2,341
▲634	▲468	▲440	▲300	▲251	▲248	▲213
837	▲124	197	▲45	▲237	710	536
4,192	2,960	3,068	2,684	2,371	3,448	3,167
▲2,060	▲2,001	▲2,080	▲2,402	▲2,570	▲2,360	▲2,437
128	31	1	87	▲13	3	▲520
▲1,932	▲1,970	▲2,079	▲2,315	▲2,583	▲2,357	▲2,957
210	341	310	117	1,043	98	600
▲991	▲711	▲660	▲202	▲126	▲941	▲150
▲609	6	▲487	60	▲98	▲217	88
▲580	—	70	50	▲120	—	300
▲303	▲345	▲302	▲302	▲301	▲302	▲302
▲2,273	▲709	▲1,069	▲277	398	▲1,362	536
▲13	281	▲80	92	186	▲271	746
403	390	671	592	684	870	599
390	671	592	684	870	599	1,345

表4－11　連結貸借対照表

	科　目	1999年度	2000年度	2001年度	2002年度	2003年度
資産の部	固定資産	39,489	39,550	40,133	40,019	39,512
	流動資産	1,928	2,114	2,756	1,987	1,503
	現金および預金	474	654	681	518	403
	その他流動資産	1,454	1,460	2,075	1,469	1,100
	資産合計	41,417	41,664	42,889	42,006	41,015
負債および純資産の部	固定負債	25,752	25,642	26,762	25,784	25,035
	社債および転換社債	11,539	10,866	10,644	10,473	8,913
	長期借入金	9,733	9,383	8,835	7,978	7,252
	退職給付引当金	1,092	1,709	1,762	1,803	2,008
	使用済燃料再処理等引当金	2,102	2,294	2,665	3,013	3,279
	その他	1,286	1,390	2,856	2,517	3,583
	流動負債	8,331	7,838	7,801	7,777	6,890
	1年以内に期限到来の固定負債	2,884	2,507	2,363	2,774	1,760
	短期借入金	2,792	2,924	3,305	2,368	2,918
	その他流動負債	2,655	2,407	2,133	2,635	2,212
	負債合計	34,083	33,480	34,563	33,561	31,925
	株主資本	7,257	7,535	7,864	8,210	8,657
	その他	―	566	375	154	345
	少数株主持分	77	83	87	81	88
	純資産合計	7,334	8,184	8,326	8,445	9,090
	負債および純資産合計	41,417	41,664	42,889	42,006	41,015

（注）　億円未満を切り捨てて表示。

(単位:億円)

2004年度	2005年度	2006年度	2007年度	2008年度	2009年度	2010年度予算
39,170	38,875	38,764	38,857	39,118	39,142	39,238
1,391	2,024	2,190	2,248	2,418	2,001	2,998
390	671	592	684	870	599	1,345
1,001	1,353	1,598	1,564	1,548	1,402	1,653
40,561	40,899	40,954	41,105	41,536	41,143	42,236
24,246	24,260	23,889	24,084	25,063	24,329	24,753
9,123	9,464	9,774	9,891	10,934	11,032	11,632
6,261	5,550	4,890	4,688	4,562	3,621	3,471
2,054	2,042	1,771	1,505	1,376	1,416	1,446
3,506	3,533	3,648	3,519	3,518	3,507	3,465
3,302	3,671	3,806	4,481	4,673	4,753	4,739
6,556	6,133	6,241	6,293	5,921	6,128	6,904
2,182	2,002	2,038	1,757	1,708	1,773	2,369
1,729	1,735	1,318	1,428	1,210	993	1,381
2,645	2,396	2,885	3,108	3,003	3,362	3,154
30,802	30,393	30,130	30,377	30,984	30,457	31,657
9,307	9,750	10,129	10,247	10,245	10,345	10,333
367	655	586	310	131	169	74
85	101	109	171	176	172	172
9,759	10,506	10,824	10,728	10,552	10,686	10,579
40,561	40,899	40,954	41,105	41,536	41,143	42,236

表 4－12　主要財務・株式指標（連結）

科　目	1999年度	2000年度	2001年度	2002年度	2003年度
売上高営業利益率（％）	12.7%	14.5%	13.4%	12.5%	14.2%
総資本回転率（回）	0.35	0.35	0.35	0.34	0.34
総資産営業利益率（ROA）（％）	4.5%	5.1%	4.6%	4.3%	4.9%
自己資本当期純利益率（ROE）（％）	3.3%	7.1%	7.6%	7.7%	8.3%
有利子負債残高（億円）	26,948	25,680	25,147	23,593	20,843
自己資本比率（％）	17.7%	19.6%	19.4%	20.1%	22.2%
D/Eレシオ（％）	367%	314%	302%	279%	229%
一株当り当期純利益（EPS）（円）	48.67	115.22	125.20	128.51	148.51
一株当り純資産（BPS）（円）	1,457	1,626	1,652	1,670	1,800
株価収益率（PER）（倍）	26.4	12.8	14.2	12.8	12.5
株価純資産倍率（PBR）（倍）	0.88	0.91	1.07	0.99	1.03
平均株価（円）	1,283	1,477	1,773	1,645	1,861
株式時価総額（億円）	6,458	7,436	8,935	8,320	9,398
総資産の市場価値（億円）	33,406	33,116	34,082	31,913	30,241
企業価値（億円）	32,932	32,462	33,401	31,395	29,837
経常利益	620	960	1,057	902	1,155
支払利息	1,073	886	797	734	688
減価償却	2,929	2,769	2,707	2,764	2,607
EBITDA	4,622	4,615	4,561	4,400	4,450
有利子負債	26,948	25,680	25,147	23,593	20,843
平均金利	3.98%	3.45%	3.17%	3.11%	3.30%
企業価値／EBITDA　倍率	7.1	7.0	7.3	7.1	6.7

2004年度	2005年度	2006年度	2007年度	2008年度	2009年度	2010年度予算
15.9%	12.1%	10.9%	7.0%	5.8%	8.1%	7.0%
0.35	0.34	0.35	0.37	0.37	0.36	0.36
5.6%	4.2%	3.8%	2.6%	2.2%	2.9%	2.5%
9.8%	7.5%	6.3%	3.9%	2.8%	3.8%	2.7%
19,295	18,751	18,020	17,764	18,414	17,419	18,853
24.1%	25.7%	26.4%	26.1%	25.4%	26.0%	25.0%
198%	178%	166%	166%	175%	163%	178%
188.83	137.04	135.24	83.53	59.57	79.92	57.65
1,934	1,827	2,153	2,134	2,102	2,124	2,103
12.1	16.4	24.0	27.6	30.8	23.0	26.8
1.18	1.23	1.51	1.08	0.87	0.87	0.73
2,290	2,250	3,251	2,306	1,832	1,841	1,543
11,560	12,939	16,347	11,596	9,197	9,258	7,760
30,855	31,690	34,367	29,360	27,611	26,677	26,613
30,465	31,019	33,776	28,676	26,742	26,078	25,268
1,756	1,304	1,285	720	494	650	700
446	366	341	322	348	307	307
2,402	2,296	2,191	2,309	2,309	2,336	2,341
4,604	3,966	3,817	3,351	3,151	3,293	3,348
19,295	18,751	18,020	17,764	18,414	17,419	18,853
2.31%	1.95%	1.89%	1.81%	1.89%	1.76%	1.63%
6.6	7.8	8.8	8.6	8.5	7.9	7.5

表4－13　親会社単体個別損益計算書

科　目	1999年度	2000年度	2001年度	2002年度	2003年度
営業収益	14,123	14,216	14,136	13,690	13,315
経常利益	682	1,114	1,025	911	1,074
当期純利益	245	590	672	632	723
普通株式1株当り					
当期純利益（円）	48.67	117.18	133.34	124.91	143.17
配当金	60.00	60.00	60.00	60.00	60.00
配当性向	123.3%	51.2%	45.0%	48.0%	41.9%

（注）　億円未満を切り捨てて表示。

表4－14　経常費用内訳

区　分		1999年度	2000年度	2001年度	2002年度	2003年度
経常費用	人件費	2,143	2,038	1,868	1,909	2,015
	燃料費	1,228	1,460	1,509	1,379	1,265
	修繕費	1,839	1,735	1,779	1,588	1,532
	減価償却費	2,929	2,769	2,707	2,764	2,607
	購入電力料	937	940	980	1,046	959
	支払利息	1,073	886	797	734	688
	その他	3,716	3,792	4,183	4,088	3,795
	（合計）	13,865	13,620	13,823	13,508	12,861

（注）　経常費用は営業収益（売上）から経常利益にいたる全費用項目の和（連結ベース）。

(単位：億円)

2004年度	2005年度	2006年度	2007年度	2008年度	2009年度	2010年度予算
13,668	13,405	13,569	14,119	14,571	13,625	14,043
1,528	1,134	1,054	598	385	501	539
954	709	611	359	237	272	206
189.01	123.34	121.45	71.34	47.30	54.11	40.99
60.00	60.00	60.00	60.00	60.00	60.00	60.00
31.7%	48.6%	49.4%	84.1%	126.8%	110.9%	146.4%

(単位：億円)

2004年度	2005年度	2006年度	2007年度	2008年度	2009年度	2010年度予算
1,859	1,784	1,448	1,383	1,367	1,727	1,626
1,432	1,797	2,113	2,799	3,056	2,130	2,848
1,587	1,573	1,707	1,849	1,978	1,951	1,759
2,402	2,296	2,191	2,309	2,309	2,336	2,341
1,055	1,132	1,126	1,232	1,499	1,136	1,370
446	366	341	322	348	307	307
3,850	3,858	4,072	4,406	4,450	4,413	4,149
12,631	12,806	12,998	14,300	15,007	14,000	14,400

表4-15 販売電力量・最大電力 (注1)(注2)

	2000年度	2001年度	2002年度	2003年度	2004年度
特定規模需要以外電灯電力計	— 58,435	(1.1) 59,051	(1.5) 59,945	(0.5) 60,236	— 52,988
特定規模需要計 (注3)	— 16,816	(▲3.2) 16,276	(2.5) 16,691	(2.0) 17,032	— 27,211
販売電力量合計	— 75,251	(0.1) 75,327	(1.7) 76,636	(0.8) 77,268	(3.8) 80,199
一般需要	— 54,632	(1.3) 55,334	(1.8) 56,318	(0.7) 56,684	(4.1) 58,982
大口電力	— 20,619	(▲3.0) 19,993	(1.6) 20,318	(1.3) 20,584	(3.1) 21,217
最大電力（万kW）	(6.6) 1,537	(6.5) 1,636	(▲6.2) 1,535	(1.4) 1,556	(3.4) 1,609

(注1) （ ）内は対前年伸び率。
(注2) 最大電力は最大3日平均電力（送電端）。
(注3) 特定規模需要は、電気事業法の改正により以下のとおり対象範囲が拡大している。
　　　2004年度　　：電圧6,000V以上、契約電力500kW以上の顧客
　　　2005年度以降：電圧6,000V以上、契約電力50kW以上の顧客
　　　なお、2005年度以前の対象範囲が異なる用途については、対前年伸び率を掲載し

表4-16 燃料別発受電電力量構成比

	1999年度	2000年度	2001年度	2002年度	2003年度
原子力	46	46	43	45	47
水力	8	7	6	7	8
地熱	2	2	2	2	2
石炭	17	20	22	22	21
LNG	19	19	20	17	16
石油等	8	6	7	7	5
新エネルギー	0	0	0	0	1

(単位:百万kWh)

2005年度	2006年度	2007年度	2008年度	2009年度	2010年度予算
—	(▲1.4)	(4.1)	(▲2.0)	(▲0.7)	(6.3)
34,740	34,248	35,670	34,972	34,717	36,899
—	(4.0)	(4.5)	(▲2.9)	(▲4.4)	(3.9)
48,216	50,151	52,412	50,911	48,675	50,575
(3.4)	(1.7)	(4.4)	(▲2.5)	(▲2.9)	(4.9)
82,956	84,399	88,082	85,883	83,392	87,474
(3.0)	(▲0.1)	(3.6)	(▲1.6)	(▲1.4)	(4.3)
60,765	60,706	62,873	61,859	60,985	63,636
(4.6)	(6.8)	(6.4)	(▲4.7)	(▲6.7)	(6.4)
22,191	23,693	25,209	24,024	22,407	23,838
(▲1.3)	(5.8)	(0.7)	(0.3)	(▲5.7)	(4.7)
1,589	1,681	1,693	1,698	1,601	1,676

ていない。

(単位:%)

2004年度	2005年度	2006年度	2007年度	2008年度	2009年度	2010年度予算
45	44	41	41	41	42	39
8	5	6	5	7	5	5
2	2	2	2	2	2	1
22	26	26	27	27	27	27
17	16	17	16	17	18	19
5	6	7	8	5	5	7
1	1	1	1	1	1	2

II
2011年度資金調達計画の見直し
（フクシマ以後）

　2011年3月11日東日本を大地震と津波が襲い、東京電力の福島原子力発電所は原発事故で操業が停止しました（以下「フクシマ」）。フクシマ以降、原発に対する国内の厳しい世論を反映して他の電力会社においても原発の定期点検後の操業開始ができないケースが増加する気配です。一方、代替の火力発電のため追加燃料費の負担は増加しても、料金体系にそうしたコスト増加をすぐに織り込むことはむずかしく、全国の電力会社の収益見通しは厳しい状況になっています。

　また東京電力の損害賠償問題に関する政府の支援方針がなかなか固まらないなかで、東京電力が過去に発行した社債が償還されない債務不履行（デフォルト）リスクが懸念され、東電債だけでなくすべての電力会社の社債の新規発行ができなくなりました。現時点（2011年5月）では当面、社債の発行市場が再開されるメドは立っていません。

　さらに政府のエネルギー政策も見直しが迫られ、原子力、火力、再生可能エネルギーなど電源別の「エネルギーミックス」の再検討が始まるなかで、電力会社の経営体制の改革も議論され始めています。発電事業と送配電事業を分離する発送電分離案や地域独占の見直しなど、従来の電力業界の秩序が大幅に変更される可能性も出てきました。Eさんは、あまりに大きな環境変化があったので、自社の資金調達計画も見直しが必要だと思い、再度、財部教授に連絡をとり、下記の質問を送りました。

質問

(1) 資金調達計画のなかで最も優先順位が高い社債発行市場が閉鎖状態になっています。調達計画をどのように見直すべきですか
(2) 経営体制の見直しが進むとすると、どのような形態が考えられますか
(3) その場合、事業戦略が変わるなかで、資本構成をはじめ資金調達に関する考え方はどのように変えていくべきですか

回 答

(1) 資金調達計画のなかで最も優先順位が高い社債市場が閉鎖状態になっています。調達計画をどのように見直すべきですか

- フクシマ以降、電力債の発行市場の再開のメドが立たない状況が続いている。東京電力の社債（東電債）の残高は2010年度末で約4.5兆円。仮に東電債がデフォルトになると金融システム全体に深刻な事態を引き起こす

- したがって数兆円ともいわれる損害賠償を担うことになる東京電力のデフォルト回避には、公的資金による支援が避けられないと思われる。その内容が固まるにつれ、いずれフクシマの影響が少ない電力会社による電力債の発行も再開されるであろう

- ただし、そのタイミングがいつになるかわからない現状では、銀行借入れや生命保険会社等による私募債引受けを中心にできるだけ長期の資金を固定金利で取り込むことが重要である（実際、2011年春にはメガバンクなどが東京電力に2兆円規模の緊急融資を実施した）。

- しばらく収益面ではむずかしい状況が予想されるなかで、株価は低迷すると思われ、短期的には新株発行を伴うエクイティファイナンス（増資等）はむずかしい

- たとえ単年度の純利益が会計上赤字になったとしても、財務活動（償還

および調達）前のキャッシュフロー（すなわち営業CFマイナス投資CF）が黒字（ポジティブ）になるように資金ポジションを管理していくことが重要である
- そのために設備投資を減価償却費の範囲内に収めることを優先する

(2) 経営体制の見直しが進むとすると、どのような形態が考えられますか
- 政府は公的資金を投入する以上、国民の理解を得るためには東京電力の経営を改革することにとどまらず、電力業界全体の改革にまでつなげたいとの思いがあると思われる
- その柱は、競争の導入によって料金値上げを圧縮するような政策となるであろう。具体的には発送電分離があげられる。これは電力会社の送配電部門の中立性を高め、送配電網を新規事業者でも利用しやすくすることで発電事業への新規参入を促すことである
- 送配電分離の形態としては、送配電網を電力会社が保有したまま、運用

図4－3　発送電分離のおもな形態

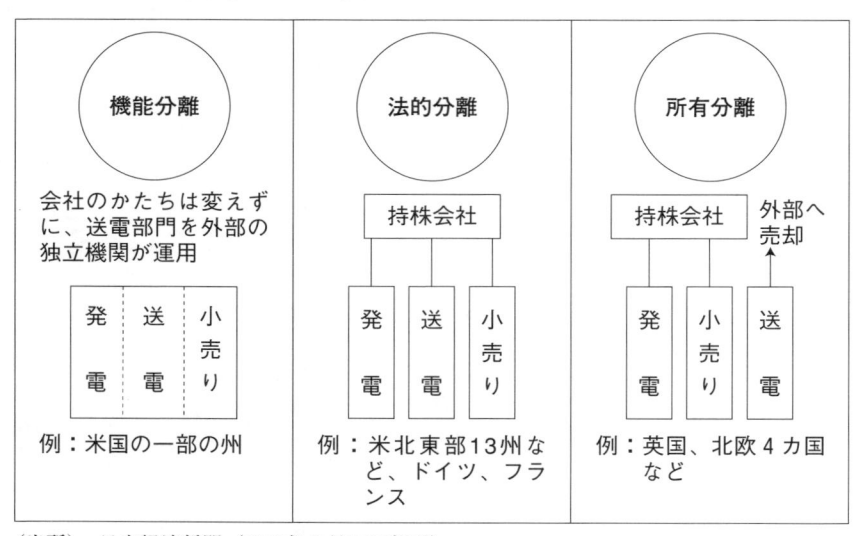

機能分離	法的分離	所有分離
会社のかたちは変えずに、送電部門を外部の独立機関が運用	持株会社 ─ 発電／送電／小売り	持株会社 ─ 発電／小売り　送電は外部へ売却
例：米国の一部の州	例：米北東部13州など、ドイツ、フランス	例：英国、北欧4カ国など

(出所)　日本経済新聞（2012年2月17日朝刊）。

だけ外部に委託する「機能分離」、送配電網を完全に切り離す「所有分離」、あるいは持株会社のもとで部門ごとの経営を独立させる「法的分離」などが考えられる（図4－3参照）
- 究極的には、原子力発電所だけ切り離して国有化するような案もありうる
- 一方、電力債には会社の資産全体を担保とする「一般担保」がついている。その意味で会社や資産を分割する場合は社債保有者の権利を侵害しないような配慮も必要となる

(3) その場合、**事業戦略が変わるなかで、資本構成をはじめ資金調達に関する考え方はどのように変えていくべきですか**
- 当面は危機対応として、キャッシュフローをベースにして資金繰りに問題が起こらないように手を打っていくことが基本である。まず今期から配当を大幅に削減し（危機的状況にかんがみ無配でも可）、従来から付合いのある銀行を中心に資金調達源をできるだけ確保し、ふやしていくことが重要
- 今後の大きな事業環境変化としては、①従来の総括原価方式による料金設定のプロセスが、原価見直しを含めて不透明になること、および②上記のような経営体制の見直し（特に、送配電分離）と競争促進策の導入が予想されること
- これはＥ社の収益力を低下させるだけでなく、事業リスクが高まることを意味している。このような状況では前回の議論とは異なり、レバレッジを高めないこと、料金値上げに頼らず収益力を高める工夫をすることが重要になる。
- たとえば事業面では、①火力発電用の燃料調達を他の電力会社と共同で行いコストを抑える、②設備投資をできるだけ抑制し減価償却費の範囲内に収める、③ピーク時の他の電力会社からの融通を増やすと同時に、④ピーク需要を抑制するために次世代電力計（スマートメーター）の設

置を加速化することなどである
- それに加え、政府のエネルギー政策をふまえてどのように事業戦略を見直し、展開していくのか、またそのためにどのように財務戦略を変更するのかを銀行、機関投資家、格付機関等に向けて積極的に発信し、理解を求めていくことが必要となる
- 徐々に電力債の格付が落着きをみせ、流通市場における取引が活発になってくるのにあわせて、社債発行市場も再開されると予想されるが、それまでに1年はかかるであろう
- エネルギー政策の方向や電力会社の経営体制の変化の方向が明確になってくれば、必要に応じて株主割当増資（ライツオファリング[25]）や公募増資によって株主資本を増強することもできるようになろう
- もし今後電力業界の危機がさらに悪化・増幅されるような事態が発生すれば、生活インフラとしての電力の安定供給を確保するために、公的資金による資本注入（優先株や特殊な種類株）も想定される

Eさん「今年度の財務戦略は大幅な見直しが必要になりましたが、何を優先的に考えるべきですか。前回ご指摘のあった肥大化した自己資本比率については、いまとなってはかえってよかったと考えてもいいですか」

財部教授「回答でも述べましたが、今回のような危機的状況においては、年度を通した資金繰りの見通しを立て、キャッシュポジションを潤沢に保つことが何より大切です。社債市場はしばらく新規発行ができないでしょう

---

[25] 「ライツオファリング（Rights Offering）」とは、株主全員に新株予約権を無償で割り当てることによる増資手法である。「新株予約権無償割当による増資」ともいう。
株主は割り当てられた新株予約権を行使して金銭を払い込み、株式を取得する（株主は、新株予約権を行使せずに市場で売却することも可能である）。権利の希釈化を嫌う株主は新株予約権の行使により希釈化を回避でき、追加出資を嫌う株主は新株予約権を売却することができるという特徴がある。

から、まず日本政策投資銀行をはじめ、従来から付合いのある銀行や生命保険会社等の機関投資家との対話を緊密化して、資金確保を確実にしましょう。

また事業環境の不確実性が高まる時代には、高い自己資本比率が望ましいということは一般論としていえますから、結果オーライかもしれませんね……（苦笑）。いずれにしても手元のキャッシュポジションがいちばん大事です」

Ｅさん「そうですね。その次には何を準備したらいいですか」

財部教授「株主の反発もあるでしょうが、配当の大幅削減を実施したいですね……。しかしもっと大事なのは、設備投資を減価償却費の範囲内に収めることと、安定供給のため原発のかわりに必要となるかもしれない火力発電所や揚水発電所の増設をどうやって両立させるかが大事ではないでしょうか」

Ｅさん「なるほど……、でも具体的にはどうすればいいでしょう」

財部教授「資金需要を抑えるためにはコスト抑制だけでなく、なんといってもピーク電力需要を抑えることが必要です。短期的にはお客様に省エネ・節電をお願いすることしかできないでしょうが、次にはスマートメーターなどを積極的に導入し、弾力的な料金制度を導入して需要を平準化することが効果的でしょう。さらには大口のユーザーに自家発電や第三者の発電事業参入を促すことも効果があると思います。」

Ｅさん「それは経営体制の見直しにもつながるような考え方ですね……」

財部教授「そうかもしれませんが、今後のエネルギー政策のなかで電力業界のかたちは変わらざるをえないと思います。むしろ逆に積極的に変化を先取りしていくほうがいいんじゃないでしょうか。投資家はむしろポジティブに評価してくれると思いますよ。かつては電力と同様に総括原価方式で料金を設定していた電気通信業界も、自由化されて随分変貌をとげ、とても活性化したと思いますよ。携帯やスマートフォンの進化ぶりをみてくだ

さい。

　回答で触れた経営体制の見直し案のいずれの場合でも、事業戦略に大きな変化が余儀なくされますし、その結果、資本構成のあり方や財務戦略も影響を受けます。場合によっては、危機的状況にあるからこそ、市場の株価を大幅に下回る中間株価による株主割当増資（ライツオファリング）や優先株による資金調達など、かえって財務力を強めることが求められるような環境が生まれてくるかもしれませんよ。かつて日本の銀行が不良債権問題で苦しんだときや、最近のリーマンショック以降の欧米の銀行の自己資本強化の際に用いられた手法です」

Eさん「そのあたりになると、また財部先生のお知恵を借りる必要が出てくると思いますので、引き続きよろしくお願いします」

第 5 章

事業再生ファイナンス
―Fシステム株式会社―

I 増　　資

　Ｆシステム株式会社（以下「Ｆ社」）は、東京証券取引所マザーズに上場するコンピュータソフトウェアの会社です。1990年に画像処理のデジタル化を事業目的として設立され、2004年にマザーズに株式を上場しました。現在は、デジタルコンテンツ（映像や音楽等）のマネジメントや配信に関するコンサルティング、ソフトウェア開発、インターネットを利用した新サービス向けプラットフォーム事業などを展開していますが、ここ数年業績は芳しくありません。特に2008年リーマンショック以降、システム開発需要が冷え込んだことに加え新規事業が計画どおりに進まないことから、決算は赤字に転落しました（表５－１参照）。直近の2010年３月期も、当期純損失が４億6,500万円、総資産額８億円に対して純資産額がマイナス４億5,000万円（債

表５－１　Ｆシステム株式会社（増資前）
〈経営指標〉（注）

回次 決算年月	第20期実績 2009年３月	第21期実績 2010年３月	第22期当初見込み 2011年３月
売上高（百万円）	1,555	1,318	875
経常損益（百万円）	(195)	(474)	(330)
当期純損益（百万円）	(203)	(465)	(350)
純資産（百万円）	15	(450)	(573)
総資産（百万円）	1,553	803	504
有利子負債（百万円）	1,380	1,060	950
従業員数	99	93	75

（注）　子会社売却（2011年２月予定）にかんがみ、継続企業のみの財務諸表から抜粋。

務超過）となりました。

　現在（2010年10月）、コンサルティング事業はほぼ計画どおりに進んでいますが、新規事業の遅れもあり、今期の業績予想が経常損益で3億円強の赤字になる見込みです。株価が好調であった年度前半に新株予約権（ストックオプション）の行使があり約2億円の株主資本の増加がありましたが、東京証券取引所の上場廃止基準である2期連続債務超過に該当する可能性があるという危うい状況を迎えています。こうした事態にかんがみ、債務超過の解消および新規ビジネスの事業化を加速するための資金確保を早急に行わなければならない状況になりました。銀行からの借入れに関しては、すでに財務制限条項[26]に抵触している状況に加え、債務超過解消の観点からは役に立ちません。すでに子会社は売却[27]を決めましたが、資金的には焼け石に水の状態です。社長のFさんはなんとか株式を使った資金調達（少なくとも6億円）ができないかと思いめぐらしています。しかし株価は3万円前後と低迷し、上場後の最安値の水準（2万200円）に近づく気配です（表5－2参照）。したがって株式時価総額も5億円弱まで低下しています。まず社内で財務担当取締役（CFO）Jさんの意見を聞くことにしました。

　Jさんの見解は次のようなものでした。

　「主幹事証券会社とも相談しましたところ、債務超過を解決する目的で株式を使った資金調達をする場合、増資の種類としては次の4種類です（第2章補足解説2－1参照）。

---

[26] 2006年10月締結のシンジケートローン契約に基づく借入金（短期借入金のうち30百万円）には、下記の財務制限条項が付されている。
　① 各年度の連結貸借対照表の純資産額を588百万円、もしくは直前期末の純資産額の80％のいずれか高いほうに維持すること
　② 各年度の連結損益計算書の経常損益を損失としないこと
　　現時点ではすでに上記の財務制限条項に抵触しているが、銀行から当面当該条項に基づく期限の利益喪失に係る請求をしない旨の同意が得られている。
[27] 連結子会社Y社の全株式を、総額110百万円で年度末までに某社に譲渡することに合意した。売却益30百万円が特別利益として計上される予定。

表5－2　資本金等・株価の推移
〈資本金等の推移〉

回次 決算年月	第20期実績 2009年3月	第21期実績 2010年3月	第22期当初見込み 2011年3月
発行済株式数増減	0	0	0
新株予約権行使	0	0	4,327
発行済株式数	10,423	10,423	14,750
資本金増減（百万円）	0	0	102
資本金残高（百万円）	373	373	475
資本準備金増減（百万円）	0	0	102
資本準備金残高（百万円）	364	364	466

〈株価の推移〉（注）

最高（円）	67,900	125,000	60,000
最低（円）	20,200	22,000	29,000

（注）　2011年3月期は、2010年12月末までの期間の推移を反映。

① 　株主割当増資
② 　公募増資
③ 　第三者割当増資
④ 　現物出資（デット・エクイティ・スワップ[28]）

　現在のＦ社の財務の状況と低迷する株価に照らしてみれば、①株主割当増資と②公募増資は調達可能な金額が低いうえに実現可能性が著しく低く、むずかしいと思われます。やはり③第三者割当増資と④現物出資（特に、銀行からの借入れのデット・エクイティ・スワップ）の可能性を探るべきでしょう。

　たまたまＯキャピタル（以下、「Ｏ社」）という投資会社から、投資と事業提携を目的にして面談の申入れがあります。第三者割当増資を引き受けてもらえるかもしれませんが、社長と直接会いたいとのことです。またシンジ

---

[28] 銀行などの債権者が、その融資の一部を現物出資するかたちで株式を取得し経営不振企業の再生を図ること。

ケートローンのエージェント行であるM銀行にデット・エクイティ・スワップの可能性について相談してみたいと思います」

Fさんは、Jさんの意見が理解できるものの、ほかに方法はないものか、大学時代の先輩で現在K大学のファイナンスの教授をしている財部信孝氏に相談することにし、次の質問と最近の財務諸表および当年度の見込み（表5－1参照）を用意しました。

質問

(1) F社の現在の財務状況に照らして、債務超過を解消するために増資以外の方法はありますか
(2) 増資以外に方法がない場合、増資の種類としては何を選ぶべきですか
(3) またその増資を実行する際、注意しなければならないことは何ですか

回答

(1) F社の現在の財務状況に照らして、債務超過を解消するために増資以外の方法はありますか
- 現在の状況をみると、経費削減などの手段では間に合わない
- F社の資産のなかで売却できるものがあれば、まず売却して換金し、ローンを返済すべき
- もし売却できるような資産がなければ、会社全体を債務ごと買ってくれる買い手に売ることも一案。ただし現時点でのバリュエーションでは債務超過で、買い手がいるとは思えない
- 事業継続を前提に（破産よりも有利な範囲で）銀行に債務免除を要請することも理屈のうえではできるが、銀行が簡単に同意するとは思えない。せいぜいデット・エクイティ・スワップ（増資）に同意する程度と思われる
- F社を従来どおり独立して経営し、かつ上場も維持していくことを目標

とするならば、増資しか方法はない
(2) 増資以外に方法がない場合、増資の種類としては何を選ぶべきですか
- 株主割当増資の場合、既存株主の大多数が増資に応募してくれる見込みがあれば実行できるが、最近のＦ社の業績と株価と出来高（株式の需給）をみれば現実的にはむずかしいと思われる
- 公募増資の場合も現状では実行可能性に乏しく、引受証券会社が現れるとは考えにくい
- 最も実行可能性が高いのは、第三者割当増資であろう。特にＦ社のもっている技術やサービス力に魅力を感じ、シナジーを求めて事業提携をしたいと希望する事業会社があれば最適である。また第三者割当増資をすれば手元現金が潤沢になり資金繰りが楽になることは、Ｆ社にとって大きなポイントである
- 銀行とデット・エクイティ・スワップの交渉をすることも可能性があると思われる。しかし手元現金がふえるわけではないので、引き続き新規事業立ち上げのための資金繰りの問題は残る。さらに銀行が大株主になった場合には事業でのシナジーは期待できないうえに、経営の自由度はいろいろな意味で大きく制約されることになろう
- 結論としては、第三者割当増資を引き受けてくれる友好的な事業会社（または投資会社）を探すことを優先すべきである
(3) またその増資を実行する際、注意しなければならないことは何ですか
- 第三者割当増資をする場合、増資額を注意深く算定する必要がある。過小な額では近い将来また行き詰まる可能性が高くなるが、過大な額では希薄化が大きくなり既存株主の利益が薄まる
- 大規模な第三者割当増資の場合は大幅な希薄化となるので、株主総会でその是非を問う必要が出てくる可能性がある
- たとえ株主総会を開かず取締役会で決議できるとしても、中立的な立場にある専門家から当該割当増資の必要性および相当性に関する客観的な

意見書を求められるであろう
- ●投資家については、単に出資能力があるだけでなく、事業上のシナジーが具体的にどの程度期待できるのかを早期に見極め、増資後の事業提携をできるだけ早急に実現することが重要である。特に遅れている新規事業の立ち上げを加速できるかどうかは大きなポイントである

Ｆさん「有利子負債が増加した原因でもある子会社を、まず売却することにしています。でも、それだけではまだ足りませんから、増資は必要です。やはり第三者割当増資がいちばんよさそうですね。友好的な事業提携をするために第三者割当増資に応じてくれる企業がないか、身近なところからあたってみることにします。また最近、出資と提携を目的としてアプローチしてきたO社とも会って話を聞いてみたいと思います」

財部教授「そうですね。いちばん望ましい候補は、資金だけでなくＦ社の新規事業の助けになるような技術やビジネスをもっている事業会社でしょうね。そういう候補があれば積極的にＦさんからアプローチしてみるべきです。一方、投資会社の場合は、彼らがどんな目的で投資するのか、資金以外にどんな付加価値を提供してくれるのか、よく話を聞いてくださいね」

Ｆさん「わかりました。やってみます」

Ⅱ 第三者割当増資

　Fさんは、財部教授のアドバイスに従って、まず友好的に事業提携を検討してくれそうな候補を絞り込み、Jさんと一緒にアプローチしました。しかしF社の現状を説明すると、なかなか期待したような反応が出てきません。各社ともビジネス環境が厳しく、他社に目を向ける余裕はなさそうです。

　一方、O社との面談は思っていた以上に期待がもてる結果でした。O社は純粋な投資会社ですが、予想に反して事業面での提案内容が豊富です。彼らの提案には、O社がすでに投資をしている他の事業会社や金融機関との連携を前提にしたいくつもの事業アイデアが盛り込まれていて、F社がこれまで蓄積してきた技術がすぐに活かせるようなものもあります。具体的に興味深いものとしては、スマートフォン等のポータブル端末を活用した①クレジットカード決済事業や②ハイブリッド郵便事業などです。O社は単に投資家として受動的に株式を保有するのではなく、あたかも優れた映画のプロデューサーが監督、脚本家や俳優たちを束ねていい映画をつくるように、自分たちと投資先の新規事業アイデアを実現するために、投資先企業と他の企業群を束ねて効果的に連携させながら事業をプロデュースしています。ただし個々の投資先の経営にハンズオンで参加するわけではなく、投資はあくまで純投資として行い子会社化しないという方針です。念のため同社の評判を調査するなかで、投資会社としてはユニークで新しいビジネスモデルを構築中という好意的な評価を第三者の専門家からも聞きました。

　F社には年度末（2011年3月）までに増資を完了するという時間的制約もあるので、FさんはO社からの出資を受けることを内定し、年が明けて2011

年1月に同社からの提案書を提出してもらいました。その内容は概略次のとおりです。

提 案 書

1　投資の目的と基本的考え方

- F社が必要とする資金調達額を、下記「2　第三者割当増資」と「3　新株予約権」の発行を引き受けることによって投資する。新株予約権の行使は、F社の新規事業の進展状況、財務状況、株式市場動向等をみながら適宜行使する
- 下記2、3をあわせて、発行済株式数の3分の2超を保有する（潜在株を含む総議決権数は1万4,750であるので、少なくとも2万9,501株が発行されることになる）
- 発行価格、行使価格等については、第三者の評価やアドバイスをふまえ、適正かつ妥当な価額とする
- 取得する株式の保有方針は純投資であり、支配株主にはなるがF社の経営に介入する意思はなく、子会社化する意思もない
- 取得するF社の株式は、F社に有益な事業会社への譲渡を含め、市場に配慮しながら売却していく方針である
- F社の株式の市場外[29]での譲渡の検討を行う場合は事前にF社と十分な協議を行う

2　第三者割当増資

・増資総額：650百万円

・発行価格：取締役会決議日の前日終値の10％ディスカウント（ただし有利発行に該当しない価格）

---

[29] 証券取引所を経由せずに行われる証券取引のこと。直接株の買い手（または売り手）を見つけて売買する。大口取引に用いられる。

・発行株数：発行価格が3万円／株と仮定すると、2万1,667株
3　第三者割当てによる新株予約権の発行
・権利行使による増資総額：250百万円
・行使価格：上記第三者割当増資と同額
・権利行使期間：3年間
・新株予約権の発行価格：行使価格が3万円／株と仮定すると、240円／株（行使価格の0.8%）
・同発行数：行使価格が3万円／株と仮定すると、8,333株
・発行価格総額：2百万円
・先買権：行使期間中にF社が株式等を発行しようとする場合は、O社は同条件で引き受けるかどうかを事前に確認することができる

　Fさんは、増資と新株予約権の組合せによるユニークな提案に少し驚き、かつ感心しました。またこの提案を受け入れれば、O社は3分の2超の株式を保有する支配株主に該当します[30]。そこで、もう一度財部教授からのアドバイスを受けるために連絡をし、下記の質問と修正予算（表5-3～5-5参照）を用意しました。

質問

(1)　O社からの提案を受け入れて第三者割当増資と新株予約権の発行を行うと、3分の2超の株式を同社が保有することになりますが、この点を株主の立場からどう考えますか

(2)　新株予約権を増資の手段とすることについては、どう考えますか。先買権についてはいかがですか

(3)　それぞれの価格設定については、どのようにすればいいですか

30　これは「企業内容等の開示に関する内閣府令　第2号様式　記載上の注意（23-6）」に規定する〈大規模な第三者割当増資〉に該当する。

表5-3 Fシステム株式会社(増資後)

〈経営指標〉(注)

回次 決算年月	第20期実績 2009年3月	第21期実績 2010年3月	第22期当初見込み 2011年3月	第22期修正予算 2011年3月
売上高(百万円)	1,555	1,318	875	875
経常損益(百万円)	(195)	(474)	(330)	(360)
当期純損益(百万円)	(203)	(465)	(350)	(380)
純資産(百万円)	15	(450)	(573)	77
総資産(百万円)	1,553	803	504	1,154
有利子負債(百万円)	1,380	1,060	950	950
従業員数	99	93	75	75

(注) 子会社売却(2011年2月予定)にかんがみ、継続企業のみの財務諸表から抜粋。

表5-4 資本金等の推移

回次 決算年月	第20期実績 2009年3月	第21期実績 2010年3月	第22期当初見込み 2011年3月	第22期修正予算 2011年3月
発行済株式数増減	0	0	0	21,700
新株予約権行使	0	0	4,327	4,327
発行済株式数	10,423	10,423	14,750	36,450
資本金増減(百万円)	0	0	102	427
資本金残高(百万円)	373	373	475	800
資本準備金増減(百万円)	0	0	102	427
資本準備金残高(百万円)	364	364	466	791

表5-5 発行株数等(含む潜在株)

	第22期当初見込み 2011年3月	第22期修正予算 2011年3月
総議決権数	14,750	44,750
O社保有議決権数	0	30,000
同比率		67.0%
目標資金調達額:		
増資(百万円)		650
新株予約権(百万円)		250
発行価格(円/株)		30,000

(4) 本件をＦ社の取締役会で機関決定する際、気をつけることは何ですか

> 回　答

(1) Ｏ社からの提案を受け入れて第三者割当増資と新株予約権の発行を行うと、３分の２超の株式を同社が保有することになりますが、この点を株主の立場からどう考えますか

- 以前にもアドバイスしたように、大規模な第三者割当増資の場合は既存株主にとって大幅な希薄化となるので、株主総会でその是非を問う必要が出てくる可能性がある
- 有利発行[31]が行われると株主総会の特別決議が必要とされるので注意しなければならない（後述の回答(3)のディスカウント率参照）
- いうまでもなく３分の２以上の議決権数を保有すれば、Ｏ社はＦ社の将来を左右する重要案件（たとえば定款変更、合併等）に関する絶対的な決定権を有することになる
- 一方、Ｆ社が直面している(a) ２期連続債務超過による上場廃止、(b)新規事業のための資金調達の問題を解決するためには、他に有効な方法が見当たらないのも実情である
- このまま何も手を打たずに事態が推移すれば会社の存続そのものが危ぶまれ、株式価値そのものが限りなくゼロに近くなる可能性が高い
- 逆に今回資本の増強がなされれば、中長期的には株価の維持または上昇につながる可能性が高く、既存株主にとってもその権利が希薄化によって実質的に侵害されるような事態にはならないと判断すべきである
- 結論としては、本件を進めるべきである

31　第三者割当増資や新株予約権の際に、新株の引受人にとって市場価格よりも特に有利な価格で発行すること。有利発行を行うにもかかわらず、株主総会の特別決議をとらない場合、株主は株式会社に対し、発行差止めを請求することができる（会社法210条、247条）。

(2) 新株予約権を増資の手段とすることについては、どう考えますか。先買権についてはいかがですか
- ●O社の基本的考え方にも表明されているように、今後の新規事業の進展にあわせて出資をふやしていく方法としては合理的である。O社にとっては、現金支出を平準化できるだけでなく、将来のF社の事業展開が遅れる場合や株価が低迷する場合には出資のタイミングを遅らせることができるというメリットがある
- ●一方F社にとっては、増資の全額が当初振り込まれる場合に比べると、新株予約権の行使のタイミングが未定であるというリスクがある
- ●先買権については、新株予約権の行使期間中にO社の同意なくその保有割合が3分の2を下回ることがないようにするための措置であり、妥当な要請である

(3) それぞれの価格設定については、どのようにすればいいですか
- ●市場価格を基準に、一定のディスカウント率で割り引いた株価をそれぞれの発行価格、行使価格とすることは妥当である
- ●ただし基準とする市場価格としては、本件に係る決議日の直前営業日終値とすること自体は問題がないとしても、その時点での株価の乱高下があるような可能性に備え、1週間から6カ月間の平均株価からの乖離率も合わせ総合的に判断できる余地を残しておくほうがよい
- ●ディスカウント率については、発行株数の多さ、新規事業に係るリスク等を勘案し、かつ日本証券業協会の自主ルール[32]を参考にすると、10%であれば有利発行に当たらず妥当である

---

[32] 日本証券業協会は、その第三者割当増資等に関する自主ルールを2001年に改正し、「発行価格は、当該増資にかかる取締役会決議の直前日の価格（直前日に売買がない場合は、当該直前日からさかのぼった直近日）に0.9を乗じた額以上の価格であること。ただし、直近日または直前日までの価格または売買の状況などを勘案し、当該決議の日から発行価格を決定するまでに適当な期間（最長6ヶ月）をさかのぼった日から当該決議の日までの間の平均の価格に0.9を乗じた額以上の価格とする事ができる」とした。

(4) 本件をF社の取締役会で機関決定する際、気をつけることは何ですか
- 本件はいわゆる〈大規模な第三者割当増資〉に該当することから、株主から発行差止めの請求がなくとも証券取引所または規制当局から臨時株主総会の開催を求められる可能性がある
- しかしながら現時点（2011年2月）で3月末までに臨時株主総会を開くことは現実的ではない。したがって取締役会で決議を行うことが必要になる。このため経営者から独立した中立的な立場にある専門家から、当該割当増資の必要性および相当性に関する客観的な意見書を用意しておくことが肝要である
- たとえば社外監査役だけでなく、F社と利害関係のない独立した弁護士事務所や投資銀行などに意見を求めることが望ましい

Fさんは、アドバイスに従いO社の提案を基本的に受け入れることにし、本件に関する意見書の手配をしました。その後、東京証券取引所と関東財務局の了解を得たうえで、2011年3月に第三者割当増資と新株予約権の発行を取締役会で決議し、実施しました。その概要は次のとおりです。

1　第三者割当増資
- 発行価格：2万9,970円（取締役会決議日の前日終値3万3,300円の10%ディスカウント）
- 発行株数：2万1,700株
- 増資総額：650,349千円

2　第三者割当による新株予約権の発行
- 行使価格：2万9,970円（上記第三者割当増資と同額）
- 権利行使期間：3年間
- 新株予約権の発行価格：255円／株（行使価格の0.85%、交渉により引上

げ）
・同発行数：8,340株
・発行価格総額：2,127千円
・権利行使による払込金の総額（見込み）：252,077千円

　その結果、増資と新株予約権（過去に発行されたストックオプション）の権利行使により年度内に資本金および資本準備金が8億5,000万円強増加し、債務超過の状態を解消し上場廃止を免れることができました。

　その半年後（2011年9月）、F社はO社が企画したハイブリッド型のデジタル郵便事業を年内に開始することを発表しました。このデジタル郵便は普及が進むスマートフォンや携帯電話、パソコンと全国郵便網のインフラを結び利用者向けに手紙やダイレクトメール郵便などを送ることを可能にするものです。当事業は、O社が推進する「IT事業プロジェクト」の一環として事業化するものであり、F社に加え、ソフト開発のS社と印刷会社のR社（ともにO社の出資会社）、さらにシステム開発大手のH社が提携し、O社がオーガナイズする共同事業として開始されることになっています。株式市場の反応も大変好意的です。Fさんは財部教授に報告がてら会ってお礼をいうことにしました。

Fさん「このたびはありがとうございました。おかげで上場廃止を免れただけでなく、新規事業を加速化することができました。従業員も忙しいですが、大変喜んでいます」

財部教授「よかったですね。何より新規事業が目にみえるかたちで始められることがすばらしいですね。既存株主も新しい展開に喜んでおられるでしょう。この新しいビジネスの芽がきちんと育っていくことを期待しています」

支配株主となったO社とは、ぜひ緊密なコミュニケーションを保ってください。提携して共同事業を行っている以上、悪いニュースこそ早く伝えるつもりで対処することが大事ですよ。今後の具体的な事業展開を心待ちにしています。
　また銀行とも適宜対話を続けてくださいね。財務制限条項に抵触している状況が解決されたわけではありません」
Ｆさん「そのとおりですね。引き続き頑張ります。これからもよろしくお願いします」

第 6 章

企業の社会的責任
―G商事株式会社―

I 環境問題と資金調達

　G商事株式会社（以下「G社」）は、東京証券取引所一部上場会社、60年近い歴史を誇る最大級の総合商社です。日本を代表する企業の１つとして海外での認知度も評価も高いグローバルな企業です。経営の基本的理念の１つとして〈社会に貢献する倫理的な使命感〉を掲げています。

- 海外拠点約80カ国
- 売上げ約12兆円（前年度から約10％アップ）
- 昨年度の純利益は史上最高
- 連結対象グループ内企業の従業員約５万人、企業の社会的責任についても積極的に発言し、倫理的な企業としての評価が高い

　G社の木材・紙資源を担当する事業部は、本邦企業Ｉ製紙株式会社（Ｉ社）とともにインドネシアの現地パートナー（Ｚ社）と組んで同国にジョイント・ベンチャーを設立し、現地の森林資源を有効活用する製紙工場を建設する企画を提案中です。本社の投資委員会でも本プロジェクト採択に関する内部協議がスタートしたところです。

　現在、G社の売上げの約３割がアジア向けあるいはアジア内の取引であり、アジア関連事業の成長は著しいものがあります。担当事業部は本事業をG社のアジア戦略の重要なコーナーストーンとして位置づけ、その製品の仕向地・需要先として中国、東南アジアを想定し、同地域の成長を積極的に取り込もうとしています。

図6－1　プロジェクト・ファイナンス関係機関

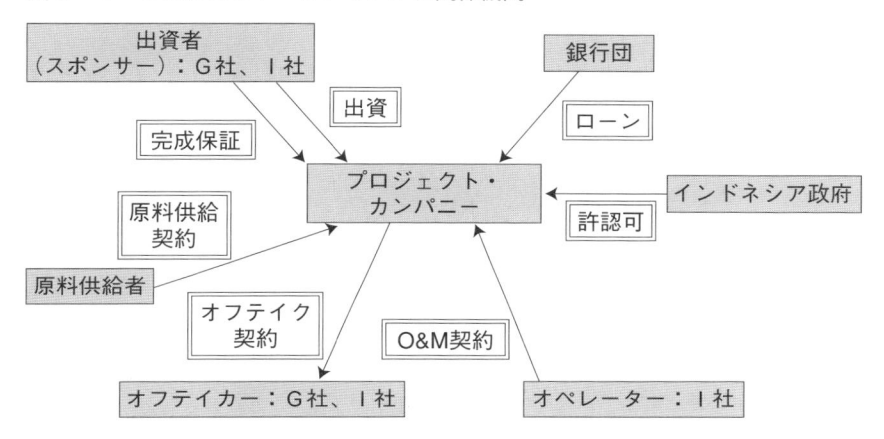

[図：プロジェクト・カンパニーを中心に、出資者（スポンサー）：G社、I社（出資、完成保証）、銀行団（ローン）、インドネシア政府（許認可）、原料供給者（原料供給契約）、オフテイカー：G社、I社（オフテイク契約）、オペレーター：I社（O&M契約）が配置された関係図]

　I社は、出資だけでなく製品のオフテイク（買取保証）も含め、本プロジェクトに全面的に協力してくれる方針です。

　投資額は約1,000億円。できれば80～90％をプロジェクト・ファイナンスで調達する予定で（補足解説6－1参照）、英系最大手のH銀行を主幹事（アレンジャー）に指名して現在条件等を交渉中です。できるだけグローバルなシンジケート（銀行団）を組成する方針です。これまでの打診によれば、I社とG社からのプラントの完成保証が提供され、I社がプラントの運営管理を請負い（O&M契約）、製品についてはI社とG社によるオフテイク（買取保証）があれば、ノンリコース[33]のプロジェクト・ファイナンスができそうだとの感触でした（図6－1参照）。

　ところがG社のCFOであるGさんは、H銀行（主幹事）から突然の知らせを受けて驚きました。赤道（エクエーター）原則（補足解説6－2参照）および同行の森林業融資基準[34]に基づき、現地パートナーZ社が違法伐採を行っ

---

[33] ノンリコース（non-recourse）とは、本来の借り手が融資の全額返済義務を負わない融資方法である。プロジェクトの財産（責任財産）からのキャッシュフローのみを返済原資とすることができる。

ていることが判明したことを理由に、このままでは融資に参加できないとのことです。

早速CEOを含む投資委員会の主要メンバーおよび担当事業部長と相談を始めることにしました。

Gさんは自分の腹案として①主幹事のH銀行を本邦銀行に変更するか、②現地パートナーを変更するか、それぞれについて次のように考慮中ですが、頭のなかで議論が堂々めぐりしてなかなか方向が定まりません。

〈方針1〉
・本邦銀行は、H銀行ほど厳しい森林業融資基準をもっていないので、現地パートナーを変更しなくてもプロジェクト・ファイナンスで融資に応じてくれる確率が高いと思われるが、海外からのシンジケート参加行が減り、また金利コストが高くなる可能性がある
・これまでの現地パートナーZ社との交渉を無駄にせず、迅速に投資を始められるので戦略的にも競争上も有利であり、I社も担当事業部も本案を支持するであろう
・しかし違法伐採を行っているZ社との関係が将来、G社の評判を傷つけるリスクがあると同時に、そのリスクが顕在化したときに融資条件の大幅見直しにつながるおそれがある

34　参考：H銀行の融資基準。
・下記5業種における融資に際しては、個別業種ごとに融資基準を設ける。
  (1)　エネルギー
  (2)　金属・鉱業
  (3)　化学
  (4)　森林資源・紙パルプ
  (5)　淡水事業
・森林資源・紙パルプ業における融資禁止ビジネスは次のとおり。
  (1)　違法伐採および違法伐採による森林資源を用いたビジネス
  (2)　UNESCOの世界遺産地域における事業
  (3)　ラムサール条約（the Ramsar Convention on Wetlands）の湿地帯における事業

〈方針2〉
- 現地パートナーを変更するには、Ｉ社の同意を得て現地での交渉を一から始めなければならず、投資の実行が大幅に遅延することは確実で競争上不利になる
- 問題のないパートナーが見つかれば、厳しい融資基準をクリアでき、長期にわたり低コストで柔軟性のある、質の高い融資条件を獲得できる可能性が高い。いうまでもなく、Ｉ社、Ｇ社の評判を傷つけるリスクは低い
- しかし現時点では、Ｚ社にかわるパートナーが見つかるかどうかわからない状況であり、Ｉ社も担当事業部も本案を支持しないであろう
- アジア戦略にも遅れを生じさせることになる

Ｇさんは外部の専門家の意見を参考にしようと、Ｋ大学の財部信孝教授に連絡を入れることにしました。財部教授はＧさんの大学の後輩でありＧ社の顧問でもあるので、いままでも財務にかかわる重要な課題が出るたびに相談をしてきた仲です。

Ｇさんは、次の質問をメールで送りました。

質 問

プロジェクトの事業計画等をまとめたインフォメーション・メモランダム、Ｈ銀行からの通知内容、自分の腹案などをまとめて送ります。一度事業計画も含めてご相談したいので、ご都合を知らせてください。

〈補足解説6－1　プロジェクト・ファイナンス[35]〉

(1)　プロジェクト・ファイナンスとは何ですか

　プロジェクト・ファイナンスは、特定の事業プロジェクトのみの経済性を根拠に資金調達を行う方法です。通常の企業金融では、多数のプロジェクトの束である借り手企業の貸借対照表、損益の実績をふまえた将来予測を根拠に融資や出資を受けるのに対し、プロジェクト・ファイナンスでは通常実績のない新規プロジェクト単体で融資を受けます。貸し手である銀行（あるいは他の金融機関）は、事業のキャッシュフローの評価に基づいて与信判断を行います。

　銀行にとってのおもな担保は、プロジェクトの実施運営を唯一の目的とするプロジェクト・カンパニーが締結するさまざまな契約、許認可、天然資源の所有権などです。契約のなかには、出資者（スポンサー企業）等から提供されるプラント等の完成保証、プラントの運営管理契約、原材料供給契約、および生産される製品のオフテイク（買取保証）などが含まれます。これらの契約によってプロジェクトのさまざまなリスクが多数の当事者に分散されることになります[36]。スポンサー企業と銀行は、こうした関係者間の役割分担を効果的に建付け（ストラクチャリング）することが求められます（図6－1参照）。また銀行は、事業のキャッシュフローに対して最も優先度の高い権利を設定します。

(2)　スポンサー企業にとってのメリットとデメリットは何ですか

　通常、スポンサー企業はプロジェクト・ファイナンスによってノンリコースで資金調達することを望み、実際多くのケースでオフ・バランス

---

[35]　参考：『プロジェクトファイナンスの理論と実務』エドワード・イェスコム著　佐々木仁訳（金融財政事情研究会刊）、『シンジケートローンの実務〈改訂版〉』佐藤正謙監修（金融財政事情研究会刊）。

シートの取扱いを受け（オフバラ化）、スポンサー企業が開示する有利子負債総額には含まれません。しかし備考欄（フットノート）の記載を含めて、開示がなされないということではないので、これだけがメリットでプロジェクト・ファイナンスが選択されるわけではありません。むしろプロジェクト・ファイナンスによる借入れを行っても、そのリスクがプロジェクト・ファイナンスのストラクチャーのなかで多くの関係者間に配分され限定されること、共同出資者とのリスク分散が可能であることなどにより、スポンサー企業の信用格付に悪影響を与えないように設計できることが最大のメリットです。

一方、金利は高くなり（銀行にとっては魅力）、さまざまなコブナント（付帯条件）を通してプロジェクト事業経営の自由度は大きく制約を受けることになります。

(3) どういう形態で融資を受けるのですか

プロジェクト・ファイナンスは、通常多額の融資を長期間にわたり提供するので、貸し手である銀行もシンジケート団を組み、多くの銀行と

36　プロジェクト・ファイナンスに係るリスクとその対応（転嫁、ヘッジ等）の方法は、次のように分類される。
  ① コマーシャル・リスク（Commercial Risks）
　　事業全体や製品市場に内在するリスク。Project Risks ともいう。プラントの完成保証（Completion Guarantee）、運営契約（Operation & Management Agreement）、原料供給契約（Input Supply Agreement）、製品の買取契約（Off-take Agreement）などによって、スポンサーや株主がリスクを負担する。買取契約の代表的なものとしては、Take-or-pay（製品を買い取るか、または購入しなくても支払は行う）や、Take-and-pay（製品を購入した場合のみ支払を行う）がある
  ② マクロ経済リスク（Macro-Economic Risks）
　　物価、金利、為替の変動など、外的要素が事業に与える経済的リスク。Financial Risks ともいう。収入が得られる通貨と支出や借入れの通貨の共通化、金利スワップによる変動金利の固定化、必要に応じた先物外国為替契約などでリスクをヘッジする
  ③ 政治リスク（Political Risks）
　　政治の行動や政治的不可抗力（戦争など）に係るリスク。Country Risksともいう。通貨の交換や送金の制限、法令変更、国家による事業施設の強制収容などがある。政治リスクに対する保証や保険、各国の輸出信用機関、公的機関または多国間金融機関からの融資などでリスクをヘッジする

協調して融資をするシンジケート・ローン37の形態をとることが多いです。シンジケート・ローンのメリットとしては、銀行の立場からは巨額の融資案件であっても与信リスクを分散できること、プロジェクト・カンパニーの立場からは主幹事(アレンジャー)が複数の銀行を取りまとめてくれるので、条件等の交渉を単一の銀行とのみ行うことができ効率的である点があげられます。さらに、いったんシンジケート・ローンが実行された後は、各銀行の資金の授受、貸付金の管理・回収等において各銀行が協調する枠組みが定められており、またその円滑な実施のためにエージェントが任命されることになっています(一般的には、主幹事がエージェントを引き受けます)。

(4) 組成の手続はどうなっていますか

シンジケート・ローンの組成は、おおむね次のようなプロセスに沿って行われます。

シンジケート団組成条件の提示	主幹事→借り手
条件交渉	主幹事・借り手
マンデート・レターの取得	主幹事←借り手
インフォメーション・メモの配布	主幹事→参加銀行
シンジケート団組成(参加表明)	主幹事←参加銀行
融資条件交渉・ドキュメンテーション	借り手・主幹事・参加銀行
調印	

---

37 借り手の資金調達ニーズに対し複数の金融機関が協調してシンジケート団を組成し、1つの融資契約書に基づき同一条件で融資を行う資金調達手法。参加金融機関をアレンジャー(主幹事金融機関)が募集する点において社債発行と似た面があるが、シンジケート・ローンは金融機関からの「借入れ」である。設備投資資金のような長期資金の調達を行う場合のみならず、コミットメント・ラインのような短期融資枠の組成においても有効な手法。

(5) 主幹事（アレンジャー）の役割、立場は？

　主幹事の役割は重要です。上述したようにプロジェクト・ファイナンス案件は実績のない新規プロジェクトであり、かつ巨額の資金を長期間必要とするケースが多いようです。さらに関係機関の間で適切なリスクの配分（建付け：ストラクチャリング）を設計しなければならず、卓越した知識と経験が求められます。シンジケート団組成の成否は、主幹事の力量にかかっているといえます。それだけにスポンサー企業にとって主幹事の選定は重要です。

　同時に主幹事の立場は、微妙な問題をはらんでいることに注意しておかなければなりません。それは「利益相反」の問題です。主幹事は借り手とシンジケート団の参加銀行双方のために融資契約締結に向けて努力する立場です。借り手の利害を代弁する代理人という立場と同時に、主幹事も融資に参加する銀行の1つであるので貸し手としての立場もあることをスポンサー企業は理解しておくことです。

回　答

財部教授からは早速、次のような簡潔明瞭なアドバイスがメールで届きました。

〈G社が考慮すべき重要事項〉
- 経営姿勢と業績に対する世界的に高い評価と評判
- 環境問題（特に、生物多様性）に対する世界的関心の高まり
- 世界的企業として「社会的責任」を自覚し、倫理的に行動する方針
- 本社と担当事業部間のガバナンス
- 現地パートナーの違法伐採とI社およびG社の評判に傷がつくリス

ク
・事業開始のタイミングと競争力
・財務政策（ファイナンス・コスト、融資条件、銀行団等に関する方針）との整合性
・環境政策（気候変動、生物多様性等に対する方針）との整合性

〈結論〉
- G社にとっては、一新規事業の競争力や経済的リスクより、グローバルな評判を傷つけることが最大のリスクであることを担当事業部と本社間で確認する
- G社の環境政策上、違法伐採を行っている企業とのジョイント・ベンチャー設立は許されないことを確認し、表明する
- 現地パートナーに対して、一定期間内に違法伐採をやめるよう要請し説得するとともに、H銀行にはそれを条件にして融資を再検討するよう求める
- 以上の目標を達成するため社内・外の当事者との対話を進め、共感と信頼関係の構築を図る
- 現地パートナーが要請に応じなければ、価値観をともにし、連帯感を共有できる新しいパートナーを探し始める
- 財務政策としてグローバルな銀行団との信頼を維持することは最重要方針の1つであることを本邦銀行とも確認し、表明する

〈補足解説6－2　赤道原則（Equator Principles）[38]〉

　赤道原則は、民間金融機関が世界銀行グループの国際金融公社（IFC）との連携のもと合意した〈環境と社会のための任意の原則〉です。1,000万ドル以上のすべてのプロジェクト・ファイナンスに適用され、参加金融機関は「同原則の定めた環境・社会面の政策や手続きを遵守しようとしない、あるいは借入人が遵守できないプロジェクトには直接融資を行わない」という公約に合意しています。つまりこの原則を採択した銀行は、大規模プロジェクトが自然環境や地域社会に与える影響を評価し、ガイドラインを充足するための対策の遵守を融資条件にしているわけです。

　シンジケーションにおいては、主幹事銀行が環境社会影響評価報告書等に基づき、第三者の専門家の力も借りながら同原則に沿った環境レビューなどを実施します。

　プロジェクトの経済性についての分析もなく、またあまりに簡潔な結論が早々に出されたので、GさんはK大学に財部教授を訪ね、重ねて質問することにしました。

Gさん「今回のご相談では、新規事業の経済性、競争戦略上のメリットとリスク、事業計画の中身や財務的な指標などを議論する前に、かなり明快で確定的な結論をいただきましたが、これでよろしいのですか。いつものようにもっと事業計画を分析すべきであるとか、その結果結論が変わると

---

[38] 参考：http://www.ifc.org/ifcext/tokyo.nsf/Content/エクエーター原則。

いうことはないですか」

財部教授「今回の件については、このプロジェクトがどんなに儲かるとしても結論がぶれることはありません（笑）。私は事業の経済性は大事だと思っていますが、それ以上に企業がもつ倫理観や価値観が重要だと思っているからです。特に、すでに世界的企業として尊敬を集め、その経営姿勢に対する高い評価をテコに事業を推進しているＧ社にとっては、評判リスク以上のリスクはないと思います。どんなに経済的なメリットがある投資案件でも、もし違法なことをしなければならないとしたら、投資はしないでしょ？　評判に傷がつくからですよね。Ｇ社にとってその世界的な評価と評判は、何にも換えがたい価値ではないですか？　値段がつけられないプライスレスな価値でしょ？」

Ｇさん「そうですね……」

財部教授「ファイナンスの専門家は『企業価値は将来のキャッシュフローの現在価値』という言葉にとらわれて、事業計画の詳細な分析に突っ込みすぎてもっと重要な真実を見失うことがあります。私は『企業価値は、その企業がもつ〈価値観〉によって決まる』[39]というスティーブン・Ｋ・グリーン氏の言葉が大好きですし、まったく同感です。現在貴社のビジネスは絶好調ですよね。この状態を持続させるためには、いままで貴社の経営の基本理念とされてきた〈社会に貢献する倫理的な使命感〉に常に立ち戻って考えることが重要なんじゃないですか」

Ｇさん「なるほど、せいぜい1,000億円の投資案件で、売上高12兆円の全社のビジネスをリスクにさらすことはできませんね……。それにしても現地パートナーを替えるとなると大変です。戦略の遅れを理由に担当事業部長は抵抗するでしょう。Ｉ社も反発する可能性があります。頭が痛くなり

---

[39]　世界最大手の英系銀行HSBCの前グループ会長。2011年、英国キャメロン内閣の貿易・投資担当大臣に就任。その著書『グッド・バリュー──社会人に求められる“価値観”とは』（金融財政事情研究会刊）のなかでこの言葉が表明されている。

そうで……」

財部教授「いちばん望ましい方向は、Z社に違法伐採をやめさせることです。H銀行の方針は私もかつて勉強したことがありますが、たしか"Credible Path"（一種の暫定措置期間）といって、Z社がある一定の猶予期間に特定の条件を満たすことをコミットすることができれば融資をするというルールがあるはずです。違法伐採はいずれできなくなること、しかもこれはZ社の経営者や投資家にとっても大きなリスクであることを説得する努力をしつつ、H銀行とも交渉することが必要でしょうね。しかしZ社に違法伐採をやめる気がない場合は、すみやかに関係を見切ることです。

　また担当事業部は抵抗するかもしれませんね。でも彼らとのコミュニケーションを密に保ち、全社的な観点からこの方針をよくよく理解してもらうことが肝要です。ガバナンスの問題です。I社も同様です。頑張ってください」

Gさん「わかりました。CEOにも先生のアドバイスを伝えます。また先ほど話に出たグリーンさんの言葉も興味深いですね。企業の社会的責任をもう一度考えるために彼の本『グッド・バリュー』も読んでみます。ありがとうございました」

まとめ

日本版CFOの役割と財務戦略

日本CFO協会
第1回 CFOフォーラム 講演記録 抜粋
2002年2月6日

今日の話のテーマは、日本版のCFOの役割というのはいったいどういうことか、また、CFOが担うべき財務戦略の中身はどういうものかということであります。本当は具体的な企業を題材にお話するのがいちばんわかりやすいと思うのですが、私は現在、投資銀行部門、株式の引受けであるとか、会社のM&A、買収であるとかインサイダー情報に触れるような仕事をしておりますので、ここでは個別企業のケースをお話することができません。残念ですけれども、ご勘弁ください。CFOの役割というのをもう一度おさらいするという意味で、やや教科書的な話が多いかもしれません。この10年ほどの間教師をしている、慶應ビジネススクールの証券市場論のコースで学生向けにお話申し上げるような基本的な話を、ご経験のある皆様の前でするのは若干心苦しいところもありますが、ご勘弁願えればと思います。

　ところで皆さん、今週の日本経済新聞の「経済教室」、どなたがお書きになっていらっしゃるかご存知でしょうか。うなずいていらっしゃる方も何人かいらっしゃいますけれども、キヤノンの御手洗さん[40]が書いていらっしゃいます。私が記憶する限り、大学の先生以外の方が「経済教室」の欄をお書きになったのは初めてじゃないかと思います。具体的にキヤノンの企業戦略についてお話をしていらっしゃいますが、印象的なのは、御手洗さんが20年ほどアメリカで過ごされて日本に帰国した後、「キャッシュフローをベースとした経営に転換した」というその一言なのです。まさにこれが、本日のお話の根幹であります。

　従来、日本企業の財務戦略、なかんずく企業金融、コーポレートファイナンスの世界というのは、いうまでもなく、担保主義であり、あるいは会計上、アカウンティング上で利益が出ているかどうかという尺度に基づいて、取引銀行からお金を借りてくるというのが基本でありました。ここにいらっしゃる皆様方のご経歴を拝見しますと、あらためてキャッシュフローと会計

40　御手洗冨士夫氏。元キヤノン社長、第2代日本経済団体連合会会長などを歴任。

上の利益の違いについてご説明する必要はないと思いますが、先ほど行天理事長[41]からもお話がありましたように、全世界からみられているなかで行動しなければいけない、新しい時代に必要なのは、従来型の担保主義、あるいは会計至上型の企業金融ではなく、企業の経済力、つまりキャッシュフローに着目した経営にスイッチすることであり、これが経営革新の大きな要だと私は考えております。そのなかでChief Financial OfficerすなわちCFOの役割というのが大変重要になっていると考えるわけであります。

CFO（Chief Financial Officer）とは何か

そこで今日の本題、CFOですが、言葉としては目にするようになってきましたが、いったい何なのでしょうか。CFOの仕事を理解するうえで必要ないくつかの重要な項目、ビジネスモデル、それから企業価値の概念、企業経営上のリスクの評価、さらには資本構造の適正化、株式ストーリーの構築、そういった事柄についてこれからお話をさせていただきたいと思います。

まずChief Financial Officer ── CFOと聞かれて経理担当の役員の方と何がどう違うのか、正確に答えることはむずかしいかもしれません。べつにCFOの役割がどうこうと商法上で規定されているような概念ではないからです。ただ、日頃学校で教えているような感覚で整理して申し上げますと、経理もしくは企業会計というものは、基本的に財務会計基準という、基準に基づいて評価・報告する過去の事業活動の記録であります。一方、財務というものは、（日本の企業では往々にして経理のなかに財務機能があって、財務のご担当という場合には金庫番という感じもあるのですが、）財務の根幹は、将来の事業計画を資金面で支えるところにあると私は考えております。もちろん、意思決定や、その実行に関する全活動を支える基盤は過去の実績であり

---

[41] 行天豊雄氏。元大蔵財務官、講演当時のCFO協会理事長。

ますから、そういう意味では経理を含んでおりますが、当然経理にとどまるものではありません。またCFOは、いわゆるアングロアメリカン的な世界でいえば、取締役、役員というよりは、むしろ執行役員に当たります。経営の全責任を担う最高責任者、CEOに対して事業報告を行うという役目を担うわけですが、財務活動全般を管理し、資金調達、資本配分あるいは投資の意思決定において重要な役割を担う存在であります。

いま国会で、新しい商法改正案が提案されることになっていることを、皆さんよくご存知だと思いますが、大企業の場合には大きく２つのオプションがございます。１つは、従来型の取締役会、いわゆる事業ラインを兼務していらっしゃる、執行役員と取締役を兼務された方を中心に構成される取締役会をもつ会社の監査機能を強化すること。要するに監査役には、半分以上外部監査役を入れなさいというオプション１。オプション２としては、取締役会のメンバーは、いっさい個別の事業ラインの責任をもたないかたちにし、取締役会全体を監査役、オーディターとすることで、そのかわり監査役はいりませんというもの。こういうもう１つの大きなオプションが用意されていると聞いております。そうしますと、CFOというのはどこに位置するのでしょうか。たとえばオプション２の場合ですと、役員のなかではありません。役員ではなく、あくまでも執行役員といった立場で財務活動を所掌する役目の方であろうというふうに考えられます（注：この後、明らかにされた商法改正案では、上記オプション２においても、取締役が執行役を兼務することが可能とされている）。

それでは、財務活動の元締め、あるいは管理者としてのCFOの仕事は、いったいどういうものがあるのでしょうか。まず自分の会社の個別事業モデル、ビジネスモデルを把握しているかということが重要になります。ビジネスモデルとは何かということについては、後ほどもう少し詳しく触れたいと思いますが、要するに、自分の企業はどういうお客様に対して何を提供してどんな事業を営んでいるのか、ということについての体系的理解です。今

後の事業見通しのなかで、いかほどの投資をして、どれほどの収益を期待しているのか、またその場合、事業リスクにどんなものがあるのか。こういったことについて適切な見通しをもつことが必要でありますし、投資予算を確定するときの最も重要な点であります。

複数の事業をもっていらっしゃる企業の場合、当然、事業間の資金配分、すなわちどの事業に選択もしくは集中をするか、あるいは切り捨てるか、ということを考えることが重要になります。その結果として事業ポートフォリオができるわけですが、どういう事業ポートフォリオを、5年後、10年後に目指していきたいのかといった、いまの日本企業でいえば企画に属するような仕事も、重要な部分になります。

それから、最適資本構成について、事業戦略と不可分の考え方を構築する。これも非常に重要なところです。いまでも一部上場企業を含めた日本のかなり多くの企業では、経理財務部のラインでは株式の部分を担当していらっしゃらないケースが多々ございます。要するに、バランスシートの右側、いわゆる資本構成については借入金の部分と、自己資本・株主資本の部分とで担当が分かれていらっしゃるところが多々ございます。

資本構成を考えるときには、本来このように分かれたかたちで資本の調達を考えるわけにはいきません。どういうかたちで短期資金・長期資金、もしくは株主資本である自己資本を積み上げていくのか、これが非常に重要な財務戦略の要になります。当然その先には、資金調達をどうやっていくのか、場合によったら返済することも含めて考えていく必要があります。その過程でキャッシュマネジメントが非常に重要な鍵になってまいります。

さらには、投資家、これは株主だけではなく、いわゆる社債権者もいれば、銀行、その他の貸し手もいると思いますが、そういった方々への発信説明役といった仕事も重要な柱になると思います。

では、こういった仕事を通じて、何を目標・ゴールにするのかといいますと、企業価値を守り持続的に成長させる、この一点に尽きるのだろうと思い

ます。先ほど行天理事長からお話がありましたように、企業価値は必ずしも利益だけではありません。利益だけではありませんが、CFOにとっては財務的な企業価値をどうやって持続的に発展成長させるかということが、最も大きなゴールではないかと思います。

ビジネスモデルの理解

　最近、「ビジネスモデル」という言葉が使われるようになりました。これも実は、ついこの5～6年ぐらいのことであります。特にこの言葉がいちばん最初に使われたのは、どちらかというとアメリカの西海岸です。新しい事業を立ち上げるときに、その事業の中身を説明する、そのコンセプトとして「ビジネスモデル」という言葉が使われ始めたように、私は記憶しております。「ビジネスモデル」という言葉は、何を含んでいるのでしょうか。ここに含まれるのは、経営者だけでなく従業員も共有している企業運営の基本方針、いわゆる「企業戦略」であり、これを単なる理念としてではなく、財務的指標をもって表したものと私は理解しています。単に数字だけのプランとも違います。やはり理念がなければいけないということです。具体的には、お客様としてどなたを対象にし、どんな商品やサービスを提供するのか、またどのように提供するのか、だれからどんな対価を、どんな条件でもらうのか。よく事例にひかれるのは、クレジットカードのような仕事です。直接的なサービスを提供をしている対象はカードホルダー、個々人のメンバーの方ですが、カードを使ったときのその対価はどこから出てるかというと、カードを受け取ってくださるレストランとか、デパート、小売店なのです。ですから、だれにサービスを提供するかということと、その対価をどういうかたちでだれからもらうか、これは必ずしも一枚板ではありません。当然、事業そのものには投資のサイクルがあります。回収をどういうかたちで、どれぐらいのタイミングでできるのか。そういった事業を営んでいくために最適な組織のあり方はどうなのか。雇用形態、組織形態、その機能。それから、事

図Ⓐ　ビジネスサイクルの模式図

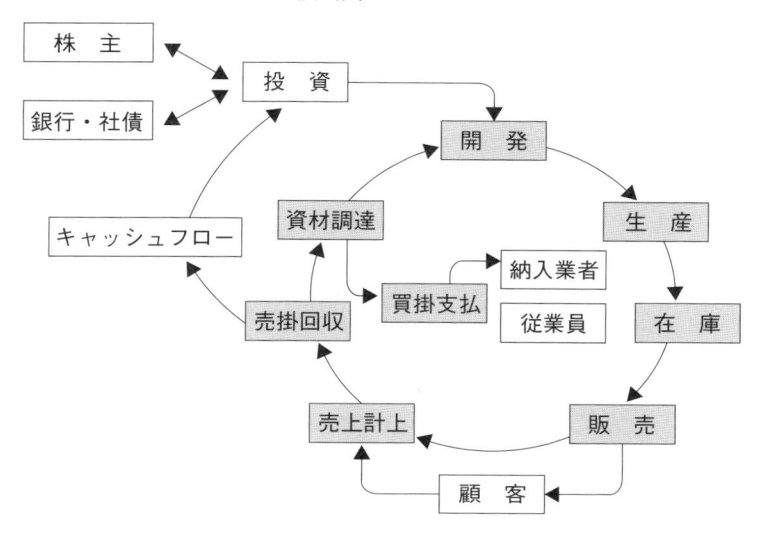

業の環境として、規制はどうなっているのか、競争相手はだれなのか。競争の決め手、成功の要因はいったい何なのか、さらには、ビジネスリスクとしてどんなことを覚悟しなければいけないのか、またそのリスクをヘッジすることができるのか、できないのか。これに限りませんけれども、こういった事柄をきちんと理解する、これがまずCFOの第一の仕事であろうかと思います。

　こうした内容を模式的に絵に表しております（図Ⓐ参照）。これはいわゆるキャッシュサイクルと呼ばれるものです。モノを販売する、モノを届ける、サービスを提供するところから、実際にお金が返ってくるまで、あるいは販売に回せる商品をまたつくる、このサイクルです。このサイクルを、数字でもって表現できるところまで理解する。そういうことが必要だということです。売掛の回収に何カ月かかるのか、新しいサービス、新しい商品をつくりあげるのにどれぐらい時間がかかるのか、そのために必要な投資はいくら必要なのか、その投資をキャッシュフローとして回収できる期間はどの程

まとめ　日本版CFOの役割と財務戦略　197

図Ⓑ　ライフサイクル

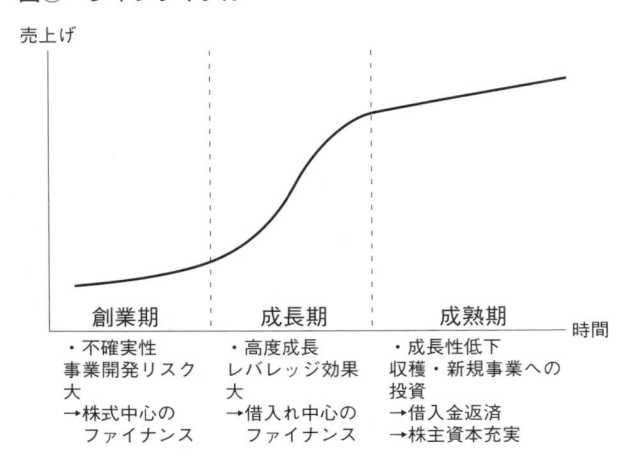

売上げ

創業期
・不確実性
事業開発リスク
大
→株式中心の
　ファイナンス

成長期
・高度成長
レバレッジ効果
大
→借入れ中心の
　ファイナンス

成熟期
・成長性低下
収穫・新規事業への
投資
→借入金返済
→株主資本充実

時間

度なのか。こういったビジネスサイクルを模式的に示してありますが、この模式的なサイクルの中身の一つひとつを数字で理解するということが、第一であろうかと思います。

　別の切り口からの理解も必要になると思います。それはライフサイクルであります（図Ⓑ参照）。事業には、商品のライフサイクルもありますが、企業のライフサイクルもございます。いうまでもなく、創業期、それから成長期を経て成熟期に至る。これが標準的なライフサイクルのパターンです。創業期にある事業は、当然ですけれども非常に不確実性が高い。事業開発リスクが大きいわけですから、こういったときにどうやってその資金を調達するか。いうまでもなく借入金で調達するというのは大変リスクが大きいわけですから株式中心、自己資本中心のファイナンスにならざるをえません。一方、高度成長の段階では、レバレッジ効果が非常に大きいわけですから、むしろこういうときには借入れ中心のファイナンスをすべきであろうということになります。さらに成熟期になりますと、成長性が低下して、新たな資金投入の必要性が減ります。まさに収穫の時期であります。収穫を迎えるこの

キャッシュフローをいったいどう使うのか、新規事業へ投資するのか、借入金を返済するのか、あるいは配当するのか、あるいは株主資本を増強すべく内部留保に充てるのか、こういったライフサイクルに見合ったファイナンス戦略、財務戦略が必要になってくると思われます。

　具体的にはなかなか申し上げにくいですが、単に製品にだけライフサイクルがあるのではなく、やはり事業にも企業にもライフサイクルがあると私は思います。たとえば日本の80年代、代表的な企業群である鉄鋼メーカーの多くが、いろんな新規事業に投資をされました。多角化投資そのものが悪いと申し上げるつもりはまったくありません。どうやって新しい芽を育てていくか、これは大変重要なことです。80年代の鉄鋼業は非常に好調で、キャッシュフローも潤沢でした。国内の生産規模が1億トンという水準に達して、これから先あまり高炉をつくる必要もないというときのお金の使い方としては、借入金を返しておくということも実はできたのではないかと思うわけです。まあ、いまから後ろを振り返ったら何でもいえますから、レバタラの議論ではありますけれども、鉄鋼会社さんが、あの頃借入金を優先的にお返しになるという、そういう戦略をとっていたら、いまの状況はどうだっただろうかというふうに私は思うわけです。1つの商品、1つのビジネスラインをどうやって財務的にサポートするか、これはなかなかむずかしい財務戦略のポイントです。

　もう1つのビジネスモデルの切り口は、事業ポートフォリオであります（図ⓒ参照）。事業ポートフォリオをどのように理解するか。これは、いろいろな切り口があるわけですが、たとえば、ボストンコンサルティングさん流に、いわゆる成長性という切り口に加えて、マーケットシェアで田の字をつくって、マーケットシェアが高い／低い、あるいは成長性が高い／低い、というような切り口で事業の中身を分類してみます。いうまでもなく、マーケットシェアも高く、成長性が高い、そういうビジネスというのはスターであります。企業のなかのまさに主軸の事業でありますし、高収益が当然期待

図Ⓒ　事業ポートフォリオ

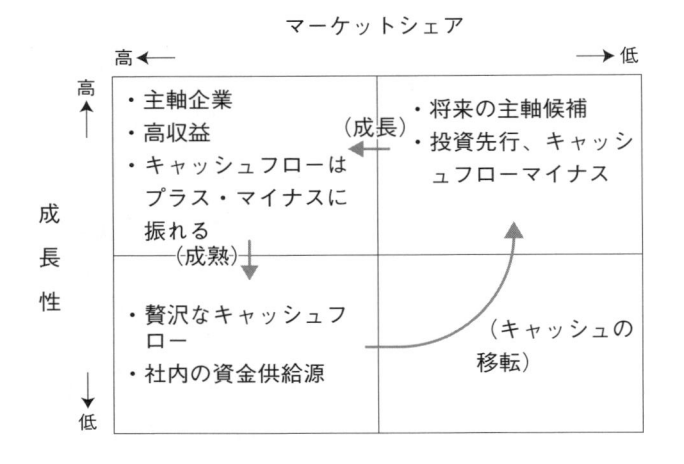

```
                    マーケットシェア
         高 ←                    → 低
  高   ┌─────────────────┬─────────────────┐
  ↑    │ ・主軸企業       │ ・将来の主軸候補 │
       │ ・高収益    (成長)│ ・投資先行、キャッ│
       │ ・キャッシュフローは│  シュフローマイナス│
  成   │  プラス・マイナスに│                  │
  長   │  振れる          │                  │
  性   │       (成熟)↓    │                  │
       ├─────────────────┼─────────────────┤
       │ ・贅沢なキャッシュフ│                  │
       │  ロー            │ (キャッシュの    │
       │ ・社内の資金供給源 │  移転)           │
  ↓    │                  │                  │
  低   └─────────────────┴─────────────────┘
```

できる。一方、マーケットシェアは高いけれども、もう成長性が鈍ってきているというのは、成熟型の事業分野でありまして、先ほどのライフサイクルでいきますと、当然キャッシュフローが余っていて新しい投資はいらない。このキャッシュフローをどうしようかという、まさにカネの出所に当たるわけです。また、マーケットシェアは低いけれども、マーケット自体は大きく成長しているような、いわゆる成長分野で出遅れているような場合ですが、これはもちろん先行投資をしなければいけないわけですから、ここではキャッシュフローはマイナスであります。

では、どういう分野の事業にどのように投資をするか。できうることなら、キヤノンの御手洗さんもいってらっしゃるように、「自分の必要とする投資を、いかに自分のつくり出すキャッシュフローのなかで抑えることができるか」、これができれば新たな外部調達、借入金をふやす必要がないわけですから、こういった、自分がもっている事業ポートフォリオのなかの水平的な役割分担、財務的な意味での役割分担、キャッシュフローのソース、それからユースをきちんと見極める。これが重要になってくるかと思います。

もちろん図Ⓒの右下の部分、つまり成長性もない、マーケットシェアもないというような事業は、どうしたらいいのか。基本的には切り捨てるということであろうと思います。こういったところをいつまで抱えても、現金収支はいつまで経っても改善しない。この事業をずっと抱えておく余裕は、たぶんないであろうと思われるわけです。

企業価値を増大させるには
　企業価値の増大こそ、あるいは持続的成長こそが、そのゴールであるべきであると最初に申し上げました。もちろん企業の経済的な側面以外のところを捨象しておりますが、CFOの役割という場合、とりあえずそういうことでご納得いただければと思います。では、企業価値を絶え間なく増大させるというのはどういうことでしょうか。「自分の資本コスト」を上回る収益機会を、たえずつくりだすということであります。会社にとって、いわゆる自分のお金というものはまったくないわけでありまして、借入金はもちろん返さなければいけません。「自己資本」と称される株主資本も、実は経営者のものではありません。本来、株主に帰属するものであります。ですから、株主が期待する収益性、リターン、これが資本コストそのものであります。したがって株主が期待する以上の収益をつくりあげる、そういう事業に投資をしていく、この「行動」が必要であります。しかし、一方で、残念ながら企業価値を経営者が自分で測ることができません。経営者が測ることができるのは、自分自らが計画する今後の事業の見通しであり、今後のキャッシュフローだけであります。企業価値は、市場において投資家が評価するものでありますから、投資家に対して自分の事業戦略を説明する、つまり情報を「発信」することが必要になります。
　この２つが大きな柱でありまして、要するに図Ⓓのような好循環をつくりあげることが企業価値を持続的に成長させるための鍵であります。収益力を向上させる、これはまず第一に必要なことでありまして、利益率を改善し、

図Ⓓ 「好循環」がエクセレント・カンパニーの共通要素

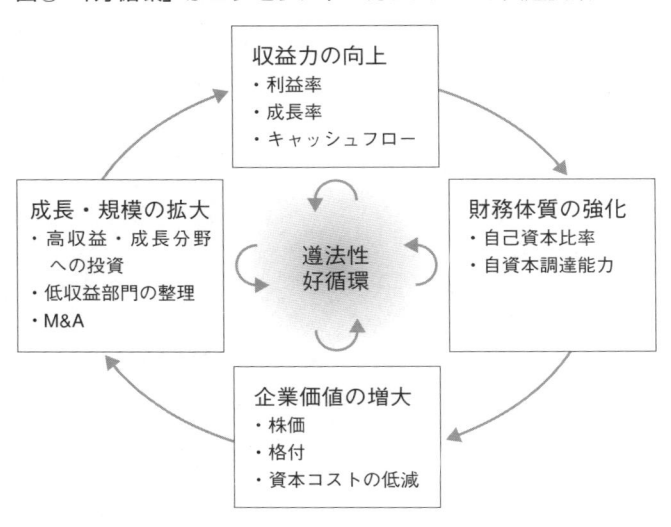

```
               収益力の向上
               ・利益率
               ・成長率
               ・キャッシュフロー

成長・規模の拡大                    財務体質の強化
・高収益・成長分野      遵法性        ・自己資本比率
  への投資          好循環        ・自資本調達能力
・低収益部門の整理
・M&A

               企業価値の増大
               ・株価
               ・格付
               ・資本コストの低減
```

成長率を高め、キャッシュフローをきちんと管理する、あるいは使い道を考える。そうすれば財務体質もよくなってまいります。その結果として企業価値が増大するわけです。ただし、企業価値が増大するところで止まってしまったのでは、このサイクルが閉じません。企業価値が増大したことをテコにして、さらに新たな成長、新たな規模の拡大を目指すということが、利潤追求という役目を担った企業体として重要なことであります。続いて規模の拡大をなしうれば、再びこれが収益力の向上に結びつくのです。たとえばM&Aは、そういったときに、先ほどの事業ポートフォリオで右下にありました不良部分を切り離すときの手段であります。あるいは高収益部門の事業をより強化するための手段でありまして、M&Aそのものが必ずしも事業の目的ではないことはいうまでもありません。いかにこういう好循環をつくりだすか、これが財務戦略の要だといってよろしいかと思います。

　企業価値は、いったいどうやって測るのでしょうか。これは市場の見方ですので、限られた時間のなかですから少し飛ばしますが、基本的にはキャッ

図Ⓔ　企業価値の概念

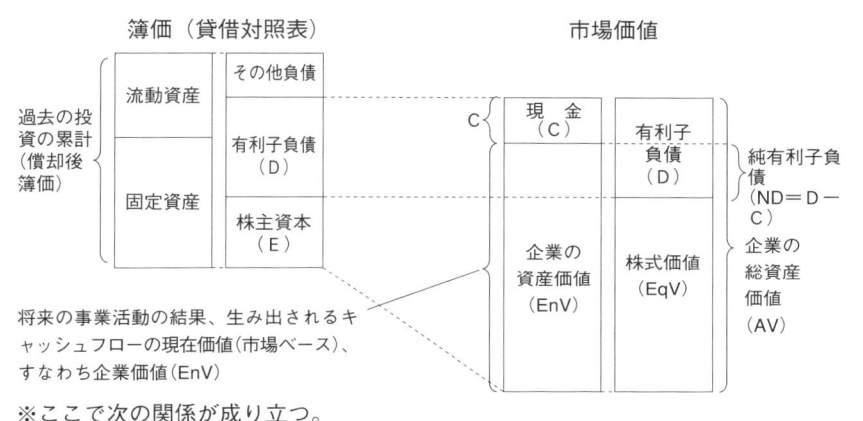

```
          簿価（貸借対照表）              市場価値

          ┌─────┬─────────┐      C ┌──現　金──┐
過去の投    │流動資産│ その他負債  │        │  （C） │ ┌──────┐
資の累計   │     ├─────────┤        ├──────┤ │有利子  │  純有利子
（償却後   │     │ 有利子負債  │        │有利子  │ │負債   │  負債
簿価）    ├─────┤  （D）   │        │負債   │ │ （D） │ （ND＝D－
         │固定資産├─────────┤        │ （D） │ ├──────┤   C）
         │     │ 株主資本   │        ├──────┤ │      │  企業の
         │     │  （E）   │        │企業の   │ │株式価値│  総資産
         └─────┴─────────┘        │資産価値  │ │（EqV）│  価値
                                    │（EnV）  │ │      │ （AV）
将来の事業活動の結果、生み出されるキ              │      │ │      │
ャッシュフローの現在価値（市場ベース）、           └──────┘ └──────┘
すなわち企業価値（EnV）
```

※ここで次の関係が成り立つ。
　　　C＋EnV＝AV＝D＋EqV、D－C＝ND
　　　EqV＝AV－D＝En－（D－C）＝EnV－ND
　過去の投資額のうち株主に帰属する簿価上の株主資本（E）と市場が評価
する株式価値（時価総額：EqV）は異なる概念である。投資以上の価値を
つくりだしている企業の場合はEqV/E＝PBR＞1となる。

シュフローをどれだけ今後つくりだせるかということが鍵であります。伝統的な、いわゆる会計上の貸借対照表は、図のようになっております（図Ⓔ左の図「簿価」参照）。過去の投資の累計額、そこから償却分はもちろん引くわけですが、過去の投資の累計額として資産があります。資産から有利子負債を引いたもの、要するに負債を引いたら株主資本が出ます。これが、日々皆様が目にしていらっしゃる簿価ベースの企業価値ですけれども、市場がみる企業価値というのは違います。いままでいくら使ったかではなくて、この右の図「市場価値」と書いたバランスシートの部分のように、これから将来の事業活動を営んでいくなかで生み出されるキャッシュフローの現在価値が、企業の資産価値であります。これに現金を加えたものが、この企業の総資産価値。そこから有利子負債を引いたものが「株式価値」です。ですから、簿価上の数字ではなくて、これはマーケットが評価する価値、つまり株式の

「時価総額」であります。

　こう考えていきますと、企業の価値を上げるということは、とりもなおさず企業の資産価値を上げるということ。企業の資産価値を上げるというのはどういうことか。過去いくら使ったかではなく、今後いくらキャッシュフローを生み出すか、ここに尽きるということです。この左側の簿価ベースのバランスシートをつくるためには、経理、企業会計の知識、あるいは会計の専門家の方々が必要になります。ただ、経理の活動がそこで止まっていたのでは、必ずしも企業価値の増大につながるかどうかはわからない。将来のキャッシュフローの現在価値がその企業の価値であるとするならば、いかにこの将来のキャッシュフローをつくりだすことができるのかということを、理解してもらわなければいけません。

企業経営上のリスクの評価

　そのときの1つの大きな要因は、収益力だけではなく、不確実性を含むリスクの評価であります。リスクといっても、いろんな分類があります。まず「事業リスク」。新しい製品やサービスを開発するために必要なリスクもあれば、できあがった製品を予定どおりの数量売ることができるかどうか。こういう「営業リスク」もあります。またCFOにとって最も重要な「財務リスク」。資本構成に伴う財務リスクから、金利変動等に伴う、市場の影響を受けるリスクもありますし、また経営者・組合・エンジニアといった「人的リスク」、経済環境・規制環境・競争環境・天変地異などを含む「外部要因によるリスク」も多々ございます。こういったリスクを認識することが大事でありまして、先ほど行天理事長からお話がありましたように、リスクに対する認識度ということで申し上げますと、やはり日本の企業はまだ遅れているところがあるといえるのではないかと思います。たとえば、これはわれわれのビジネスに典型的なのですが、株式を使った資金調達、たとえば増資、新規のIPO、それから株式公開のときでもいいのですが、その際に目論見書とい

うのをつくります。この目論見書のなかにいったいどの程度、事業内容についての説明がなされているでしょうか。日本の目論見書と、海外の目論見書、いわゆるプロスペクタスですが、これをみるともう天地の違いがあります。日本の目論見書は、こういうことを書きなさいと様式が決まっておりまして、それを埋めればいいんですが、海外とりわけ米国でのプロスペクタスには、事業リスクについて書くべきページが多々あります。これは、もうびっくりするぐらい書いてあります。要するに向こうの目論見書というのは、その企業の株式に投資をしないための理由を列挙してあるのです。こんなにリスクがあって、この会社は危ないということが、もう事細かに書いてあります。これが、アメリカで典型的に使われるプロスペクタスでありまして、日本の企業の増資あるいは新規株式公開のときの目論見書と比べると、そこは大変大きな違いがあります。これは、わかっていても書かないということではなく、認識していらっしゃらないのかもしれません。また、それを必ずしも社会が求めない、あるいはリスクがあるというと投資家が逃げるかもしれない、あるいはリスクがあるというと、リスクが現実になるかもしれない、といった、いろんな懸念があるのかもしれませんが、こうした状況であります。どういうリスクを自分たちが抱えて走っているのかということを認識することが第一歩でありまして、次に財務的にこれをどう評価するのか、これがCFOにとっての重要な役目のもう1つの柱であります。

資本構造の適正化

　次に資本構造についてご説明します。私がハーバード・ビジネス・スクールに留学したときの1年目のファイナンスのコースで「これだけ覚えて卒業しなさい」といわれた言葉があります。いまでも覚えていて、役に立っている言葉なのですが、「FRICT」というものです。「FRICT」とは、「Flexibility」「Risk」「Income」「Control」「Timing」の頭文字です（図Ⓕ参照）。
　じゃあ、それぞれ何なのかということですが、「Flexibility」というの

図Ⓕ　資本構造の適正化

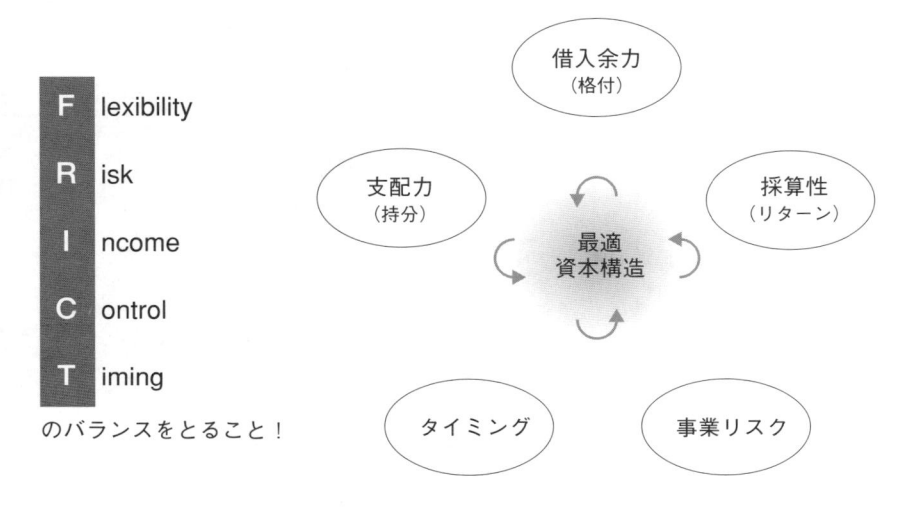

F lexibility
R isk
I ncome
C ontrol
T iming

のバランスをとること！

- 借入余力（格付）
- 支配力（持分）
- 採算性（リターン）
- 最適資本構造
- タイミング
- 事業リスク

　は、いわゆる財務の柔軟性、つまり借入余力であります。借入余力を端的に示すものは、格付です。AAだとかBBBだとか。「Risk」はいま申し上げました。「Income」、これは事業の採算性で、将来どれほどの利益があがるのかということ。それは会計上の利益もあるでしょうし、キャッシュフローもございます。さらには「Control」、つまり支配力です。ガバナンスの部分でありますが、とりわけ広く株主が分散されているような、一部上場の会社の経営陣にはあまり関係ないかもしれません。ただ、オーナー系の会社とか、自分の持分、経営権の支配力というのが非常にクリティカルな企業、あるいは経営者、オーナーにとっては大変重要な項目であります。また、最終的には市場で調達する以上、そうした「Timing」、金利動向、株式市場の動向、これがクリティカルであることはいうまでもありません。

　もちろん、これ以外にも多々考慮しなければいけないことはあるはずなのですが、「FRICT」という言葉は、私、27歳の時にすり込まれてしまいまして、それ以来ずっとこれだけで、いままでインベストメントバンカーとして

の職業に従事させていただいております。「FRICT」。これだけは覚えて帰っていただければと思います。これらをいかによくバランスをとるか、これが最適資本構造を考えるときの要であります。いうまでもなく事業の内容によって最適な資本構成は変わります。100％自己資本がいいというのは妄想であります。たとえば電力会社さんのように非常に安定的な事業を、規制された料金体系で営んでいらっしゃるようなインフラ型の事業にとっては、むしろ最適資本構成は、いかに借入金をふやせるかというところにあるのではないかと思います。それが最適資本構成です。一方ベンチャー型の企業、これから新規事業を立ち上げていくような企業にとって、借入金をふやすというのは、これは大変危険な財務構成であります。「ハイテクにハイレバレッジなし」という格言がアメリカにございます。要するにベンチャー性の高い、事業リスクの高い事業を借入金でやってはいけないよと、こういう教えであります。べつに私の古巣の悪口ではないのですが、日本においてもベンチャー振興をしなければいけないという話が出ますと、いまの経済産業省的な感覚からしますと、ややもすると「よし、じゃあ、何か資金援助できる仕組みをつくってやらなきゃいけない」とか、「資金援助、どうしようか」また、「いや、やっぱりどこかから貸し手を見つけてきて、貸してあげられる仕組み、もしくはそうでなければ国のお金、もしくは国のお金に準ずるお金を使って貸してあげよう」とか、こうした発想が多くなります。ベンチャー型の企業にお金を貸すというのは、もう財務の教科書の1ページ目に書いてある、やってはいけないことの典型的な事例なのですけれども、ややもすると日本では、資金調達というのは借入れだということになってしまっているようで……。それから、先ほど申し上げたように、会社の組織が大きくなればなるほど、財務のご担当の方は銀行の窓口であって、株式を担当していらっしゃる方が証券会社の窓口であるというように、お互いに相手がやっていることを知らないという状況にあるようです。そういう意味では、最適資本構成をみている人がいないのです。

この辺りは、御手洗さんが書いていらっしゃるところを読みますと、こうした日本の伝統的な企業とは違う仕組みを、キヤノンが取り入れて、実際に経営で成功していらっしゃるということがよくわかります。

株式ストーリーの構築

さて、最後ですけれども、行動と情報発信が大事だと先ほど申し上げました。もちろんいうまでもなく、評価をする人は経営者ではありません、市場であります。ですから、市場に対して発信をしなければ市場側の人たちには伝わりません。といいますのも、投資家と経営者との間には、情報の非対称性があるからであります（図⑥参照）。なかにいらっしゃる経営者の方は、外の方よりなかのことがよくわかっていらっしゃる、少なくとも、そのはずであります。この場合も、単なる情報開示、財務諸表はこうでしたということを公開する、法定のディスクロージャーだけやればいいということではなく、株式ストーリーを明確に伝えることが重要だというように思います。所詮、情報というのは、バラバラなデータの集積だけである場合には、役に立ちません。投資家にアピールする、投資家に理解してもらうためにはストー

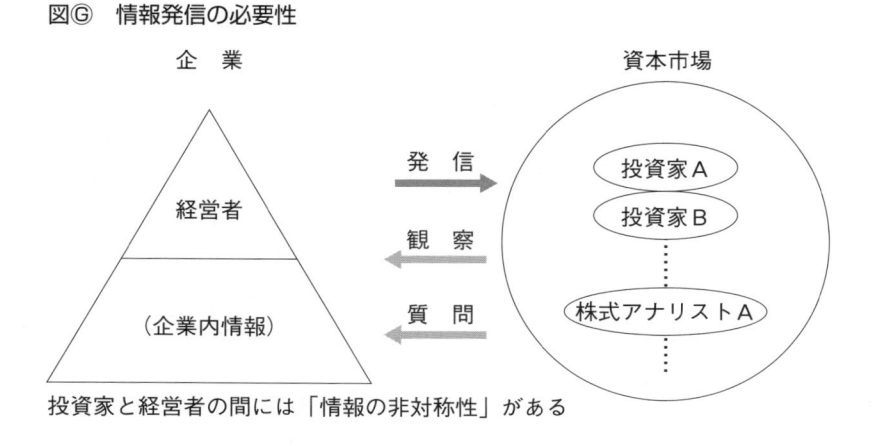

図⑥　情報発信の必要性

投資家と経営者の間には「情報の非対称性」がある

リー性が必要なのです。この会社はどういう経営理念に基づいて、どういうビジネスを構築しようとしているのか、また、その事業展開のスピードはどうか、この事業ミックスをこれからどう変えようとしているのか、そして、それは何故なのか、あるいは、それをどういうふうに実現していくのか。これこそが、投資家が聞きたいところなのです。ファンドマネジャーとか、アナリストの方に聞いていただくとよくわかるんですが、投資家も実は膨大な情報の山の前で、あまりにも膨大に情報があるものですから、実は途方に暮れていらっしゃるというのが本当のところなのです。彼らにアピールするには、単に情報の固まりをドーンと渡すのではなく、それをあたかも物語のように出してあげるということが重要なのであります。

　さらには、日本ではあまりいわれませんけれども、受託者責任。フィデュシャリー・デューティ的な感覚からいっても、やはり株主のお金を預かって企業を経営していらっしゃるわけですから、積極的な発信が重要になってまいります。とりわけ新しい商法で想定されているオプションとして、いわゆるアングロアメリカン型の取締役会と経営執行とがはっきり分かれるような仕組みをおとりになる企業があるとすると、いかに受託者としての責任をきちんと果たしていくのか、CFOの役割というのは、こういった部分になってくるのだろうと思います。

あ と が き

　本書は、私が自らの経験のなかで探求し学んできたものを、できるだけわかりやすく伝えたいと思ってまとめたものです。この本を読んで、ややもすれば難解と思われがちなファイナンスの世界が身近に感じられたらうれしく思います。

　ケーススタディ方式は、私が留学したハーバード・ビジネス・スクール（HBS）で伝統的に採用されてきた教育方式です。留学当時（1970年代後半）HBSでは、次の3つを教育の柱として将来の経営者を育てていました。

　　　Knowledge　　　知識
　　　Skill　　　　　　技能、スキル
　　　Attitude　　　　心構え、経営姿勢

　Knowledgeは、企業経営にかかわるさまざまな理論や制度についてのバランスのとれた実務的で有用な知識です。経営者にとって必要な知的フレームワークといえるでしょう。Skillはそうした知識を基礎に状況を分析し考察するためのツールを使いこなす技能やスキルです。当時はパソコンもまだ登場していない段階で、せいぜい電卓で分析できる程度の内容が中心でしたが、基本的な考え方はいまも変わりません。Attitudeは経営者としてもつべき経営哲学・価値観といえるでしょう。

　本書でもこの3つの柱を意識して書かれています。ただし前者の2つは時代が変わればそれにあわせて変化していくところが多いものです。パソコンに代表されるIT技術の急速な進歩が、ビジネスに求められる知識とスキルを大きく変えてきたことをみれば明らかです。実際HBSのMBAコースで教授される内容も大きく変化してきました。企業財務の世界も、最近のユーロ危機や円高などを経て大きく変化していくことでしょう。不易流行の言葉のように、変わるものと変わらないものを見きわめる力が求められます。

一方、Attitudeは時代を超えて生き続けるべきものです。しかしながら1980年代以降、米国のビジネス・スクールにおいて経営哲学や倫理が後回しにされてきた傾向があったのではないでしょうか。リーマン・ショック（2008年）の遠因として、米国ウォール・ストリートの経営幹部の倫理的退廃を指摘する声があったことは記憶に新しいところです。経営倫理の分野についてさらに興味ある読者には、『グッド・バリュー』（著者：スティーブン・K・グリーン、社団法人金融財政事情研究会刊）をお勧めします。グリーン氏はHSBCグループの前会長であり、2011年1月に英国キャメロン内閣の貿易・投資担当大臣に任命されました。彼は企業の（あるいは経営者個人の）社会的責任を論ずるなかでIntegrity（インテグリティ）の大切さを強調します。これを一言でいえば、我の強いエゴを脱ぎ捨てて他の人とのつながりを大切にする〈人格〉を育てるということでしょうか。リーマン・ショックやユーロ危機で失われた現代の資本主義社会の仕組みに対する「信頼」を再構築するためには不可欠の要素だと思います。

　なお、本書はコーポレート・ファイナンスの入門書を目指しているので、限られた数のケースしか収録できませんでした。したがって本書でカバーしたくてもできなかった分野やテーマが多く残されています。たとえば、次のようなケースです。

　　　　銀行などの金融機関の資金調達と運用
　　　　　　BIS規制と自己資本比率
　　　　　　国債に偏った資産運用
　　　　　　金融危機と流動性管理
　　　事業会社の海外進出
　　　　　　現地での資金調達
　　　　　　海外でのM&A
　　　　　　国境を越えたキャッシュ・マネジメント

非営利団体（地方自治体、大学、NPOなど）の資金調達
公共のためのファイナンス

　また企業統治（ガバナンス）の問題はファイナンスと表裏一体ですが、法律的な側面が中心になることもあり、本書では十分に議論されていません。投資家はリスクを引き受けるだけでなく、その見返りに経営に対して一定のコントロールを働かせたいと思います。経営者も投資家に対して受託者責任（Fiduciary Duty）を果たす義務があることを認識しておかねばなりません。社外取締役の招聘や委員会設置会社のような機関設計さえしておけばいいというものではありません。最近のオリンパスや大王製紙の事件をみて、その思いを強くしています。

　さらにフクシマを経験して、電力会社などの公益事業の資金調達をみたとき、投資家・債権者の責任はどこまで及ぶものか考えあぐねました。エネルギー供給に係る長期計画を立案し、業界に対して許認可の権限をもつ政府との間でどのような権利義務関係を構築していくべきか、いままでのようにアウンの呼吸で対処していっていいのか、原発事故の損害賠償をだれがどのように負担していくべきなのか、一営利企業の経営責任と政府の責任の間の線引きをどのように考えるべきなのか、自らに問い直していますが答えはまだみえてきません。これらの分野やテーマは、この本の版を改めるときにぜひ追加したいと思います。

　本書の出版にあたっては、一般社団法人金融財政事情研究会から多大なご支援をいただきました。理事長の倉田勲氏をはじめ、出版部長の加藤一浩氏の丁寧なご指導がなければ本書は世に出ることがなかったでしょう。前出版部長の古橋哲哉氏も数年前に私に企業財務の教科書出版の提案をして以来、筆の遅い筆者をいつも励ましてくれました。心からの感謝を表したいと思います。また青山学院大学の小林孝雄教授（前東京大学教授）、明治大学の青井倫一教授（前慶應義塾大学教授）、日本政策投資銀行の久間敬介氏、公認会計

士の岡田章宏氏、同じく黒田和哉氏からは、草稿段階のケースと補足解説について示唆に富む貴重なアドバイスをいただきました。さらに日本CFO協会（藤田純孝理事長）からはCFO Forumの記事の掲載をこころよく許諾していただきました。記して謝意を表明いたします。

　最後に、いつも精神的に私を支えてくれる妻の真佐子と子どもたちに心から感謝します。

山田　晴信

ハーバード・ケーススタディ方式で企業財務を学ぶ

平成24年6月26日　第1刷発行

著　者　山　田　晴　信
発行者　倉　田　　　勲
印刷所　株式会社日本制作センター

〒160-8520　東京都新宿区南元町19
発　行　所　一般社団法人　金融財政事情研究会
　　編集部　TEL 03（3355）2251　FAX 03（3357）7416
販　　売　株式会社きんざい
　　販売受付　TEL 03（3358）2891　FAX 03（3358）0037
　　URL http://www.kinzai.jp/

・本書の内容の一部あるいは全部を無断で複写・複製・転訳載すること、および磁気または光記録媒体、コンピュータネットワーク上等へ入力することは、法律で認められた場合を除き、著作者および出版社の権利の侵害となります。
・落丁・乱丁本はお取替えいたします。定価はカバーに表示してあります。

ISBN978-4-322-12112-4